Annie Ernaux

La place

Dossier réalisé par
Pierre-Louis Fort

Lecture d'image par
Olivier Tomasini

folioplus
classiques

Docteur en lettres, **Pierre-Louis Fort** enseigne actuellement à l'université Paris-XII. Il a publié de nombreux articles sur Marguerite Yourcenar, Simone de Beauvoir et Annie Ernaux dans des revues critiques françaises, belges, italiennes et américaines. Il est par ailleurs l'auteur d'une lecture accompagnée sur *Une femme* d'Annie Ernaux (n° 88) et sur la *Lettre à un otage* de Saint-Exupéry (n° 123) dans la collection « La bibliothèque Gallimard ».

Architecte et licencié de philosophie, **Olivier Tomasini** est responsable de la communication au musée de Grenoble et président de l'association « La maison de la photographie de Grenoble et de l'Isère ». À Grenoble, il a été commissaire de plusieurs expositions de photographies (*William Klein, Figures parfaites, La Nouvelle Vision en France de 1925 à 1945, Vues d'architectures : photographies des XIXe et XXe siècles*).

Sommaire

La place

« Je hasarde une explication : écrire c'est
le dernier recours quand on a trahi. »

J'ai passé les épreuves pratiques du Capes dans un lycée de Lyon, à la Croix-Rousse. Un lycée neuf, avec des plantes vertes dans la partie réservée à l'administration et au corps enseignant, une bibliothèque au sol en moquette sable. J'ai attendu là qu'on vienne me chercher pour faire mon cours, objet de l'épreuve, devant l'inspecteur et deux assesseurs, des profs de lettres très confirmés. Une femme corrigeait des copies avec hauteur, sans hésiter. Il suffisait de franchir correctement l'heure suivante pour être autorisée à faire comme elle toute ma vie. Devant une classe de première, des matheux, j'ai expliqué vingt-cinq lignes — il fallait les numéroter — du *Père Goriot* de Balzac. « Vous les avez traînés, vos élèves », m'a reproché l'inspecteur ensuite, dans le bureau du proviseur. Il était assis entre les deux assesseurs, un homme et une femme myope avec des chaussures roses. Moi en face. Pendant un quart d'heure, il a mélangé critiques, éloges, conseils, et j'écoutais à peine, me demandant si tout cela signifiait que j'étais reçue. D'un seul coup, d'un même élan, ils se sont levés tous trois, l'air grave. Je me suis levée aussi, précipitamment. L'inspecteur m'a tendu la main. Puis, en me regardant bien en face : « Madame, je vous félicite. » Les autres ont répété « je vous félicite » et m'ont serré la main, mais la femme avec un sourire.

Je n'ai pas cessé de penser à cette cérémonie jusqu'à l'arrêt de bus, avec colère et une espèce de honte. Le soir même, j'ai écrit à mes parents que j'étais professeur « titulaire ». Ma mère m'a répondu qu'ils étaient très contents pour moi.

Mon père est mort deux mois après, jour pour jour. Il avait soixante-sept ans et tenait avec ma mère un café-alimentation dans un quartier tranquille non loin de la gare, à Y… (Seine-Maritime). Il comptait se retirer dans un an. Souvent, durant quelques secondes, je ne sais plus si la scène du lycée de Lyon a eu lieu avant ou après, si le mois d'avril venteux où je me vois attendre un bus à la Croix-Rousse doit précéder ou suivre le mois de juin étouffant de sa mort.

C'était un dimanche, au début de l'après-midi.

Ma mère est apparue dans le haut de l'escalier. Elle se tamponnait les yeux avec la serviette de table qu'elle avait dû emporter avec elle en montant dans la chambre après le déjeuner. Elle a dit d'une voix neutre : « C'est fini. » Je ne me souviens pas des minutes qui ont suivi. Je revois seulement les yeux de mon père fixant quelque chose derrière moi, loin, et ses lèvres retroussées au-dessus des gencives. Je crois avoir demandé à ma mère de lui fermer les yeux. Autour du lit, il y avait aussi la sœur de ma mère et son mari. Ils se sont proposés pour aider à la toilette, au rasage, parce qu'il fallait se dépêcher avant que le corps ne se raidisse. Ma mère a pensé qu'on pourrait le revêtir du costume qu'il avait étrenné pour mon mariage trois ans avant. Toute cette scène se déroulait très simplement, sans cris, ni sanglots, ma mère avait seulement les yeux rouges et un rictus continuel. Les gestes s'accomplissaient tranquillement, sans désordre, avec des paroles ordinaires. Mon oncle et ma tante répétaient « il a vraiment fait vite » ou « qu'il a changé ». Ma mère s'adressait à mon père comme s'il était encore vivant, ou habité par une forme spéciale de vie, semblable à celle des nouveau-nés. Plusieurs fois, elle l'a appelé « mon pauvre petit père » avec affection.

Après le rasage, mon oncle a tiré le corps, l'a tenu levé pour qu'on lui enlève la chemise qu'il portait ces derniers jours et la remplacer par une propre. La tête retombait en avant, sur la poitrine nue couverte de marbrures. Pour la première fois de ma vie, j'ai vu le sexe de mon père. Ma mère l'a dissimulé rapidement avec les pans de la chemise propre, en riant un peu : « Cache ta misère, mon pauvre homme. » La toilette finie, on a joint les mains de mon père autour dont il serait absent pour une raison quelconque. Ma mère était dans un état de grande excitation et m'a confié que, la nuit d'avant, mon père avait tâtonné vers elle pour l'embrasser, alors qu'il ne parlait déjà plus. Elle a ajouté : « Il était beau garçon, tu sais, étant jeune. »

L'odeur est arrivée le lundi. Je ne l'avais pas imaginée. Relent doux puis terrible de fleurs oubliées dans un vase d'eau croupie.

Ma mère n'a fermé le commerce que pour l'enterrement. Sinon, elle aurait perdu des clients et elle ne pouvait pas se le permettre. Mon père décédé reposait en haut et elle servait des pastis et des rouges en bas. Larmes, silence et dignité, tel est le comportement qu'on doit avoir à la mort d'un proche, dans une vision distinguée du monde. Ma mère, comme le voisinage, obéissait à des règles de savoir-vivre où le souci de dignité n'a rien à voir. Entre la mort de mon père le dimanche et l'inhumation le mercredi, chaque habitué, sitôt assis, commentait l'événement d'une façon laconique, à voix basse : « Il a drôlement fait vite... », ou faussement joviale : « Alors il s'est laissé aller le patron ! » Ils faisaient part de leur émotion quand ils avaient appris la nouvelle, « j'ai été retourné », « je ne sais pas ce que ça m'a fait ». Ils voulaient manifester ainsi à ma mère quelle n'était pas seule dans sa douleur, une forme de politesse. Beaucoup se rappelaient la dernière fois qu'ils l'avaient vu en bonne santé, recherchant tous les détails de cette dernière rencontre, le lieu exact, le jour, le temps qu'il faisait, les paroles échangées. Cette évocation minutieuse d'un moment où la vie allait de soi servait à exprimer tout ce que la mort de mon père avait de choquant pour la raison. C'est aussi par politesse qu'ils voulaient voir le patron. Ma mère n'a pas accédé toutefois à toutes les demandes. Elle triait les bons, animés d'une sympathie véritable, des mauvais poussés par la curiosité. À peu près tous les habitués du café ont eu l'autorisation de dire au revoir à mon père. L'épouse d'un entrepreneur voisin a été refoulée parce qu'il n'avait jamais pu la sentir de son vivant, elle et sa bouche en cul de poule.

Les pompes funèbres sont venues le lundi. L'escalier qui monte de la cuisine aux chambres s'est révélé trop étroit pour le passage du cercueil. Le corps a dû être enveloppé dans un sac de plastique et traîné, plus que transporté, sur les marches, jusqu'au cercueil posé au milieu du café fermé pour une heure. Une descente très longue, avec les commentaires des employés sur la meilleure façon de s'y prendre, pivoter dans le tournant, etc.

Il y avait un trou dans l'oreiller sur lequel sa tête avait reposé depuis dimanche. Tant que le corps était là, nous n'avions pas fait le ménage de la chambre. Les vêtements de mon père étaient encore sur la chaise. De la poche à fermeture éclair de la salopette, j'ai retiré une liasse de billets, la recette du mercredi précédent. J'ai jeté les médicaments et porté les vêtements au sale.

La veille de l'inhumation, on a fait cuire une pièce de veau pour le repas qui suivrait la cérémonie. Il aurait été indélicat de renvoyer le ventre vide les gens qui vous font l'honneur d'assister aux obsèques.

Mon mari est arrivé le soir, bronzé, gêné par un deuil qui n'était pas le sien. Plus que jamais, il a paru déplacé ici. On a dormi dans le seul lit à deux places, celui où mon père était mort.

Beaucoup de gens du quartier à l'église, les femmes qui ne travaillent pas, des ouvriers qui avaient pris une heure. Naturellement, aucune de ces personnes « haut placées » auxquelles mon père avait eu affaire pendant sa vie ne s'était dérangée, ni d'autres commerçants. Il ne faisait partie de rien, payant juste sa cotisation à l'union commerciale, sans participer à quoi que ce soit. Dans l'éloge funèbre, l'archiprêtre a parlé d'une « vie d'honnêteté, de travail », « un homme qui n'a jamais fait de tort à personne ».

Il y a eu le serrement des mains. Par une erreur du sacristain dirigeant l'opération — à moins qu'il n'ait imaginé ce moyen d'un tour supplémentaire pour grossir le nombre des assistants — les mêmes gens qui nous avaient serré la main sont repassés. Une ronde cette fois rapide et sans condoléances. Au cimetière, quand le cercueil est descendu en oscillant entre les cordes, ma mère a éclaté en sanglots, comme le jour de mon mariage, à la messe.

Le repas d'inhumation s'est tenu dans le café, sur les tables mises bout à bout. Après un début silencieux, les conversations se sont mises en train. L'enfant, réveillé d'une bonne sieste, allait des uns aux autres en offrant une fleur, des cailloux, tout ce qu'il trouvait dans le jardin. Le frère de mon père, assez loin de moi, s'est penché pour me voir et me lancer : « Te rappelles-tu quand ton père te conduisait sur son vélo à l'école ? » Il avait la même voix que mon père. Vers cinq heures, les invités sont partis. On a rangé les tables sans parler. Mon mari a repris le train le soir même.

Je suis restée quelques jours avec ma mère pour les démarches et formalités courantes après un décès. Inscription sur le livret de famille à la mairie, paiement des pompes funèbres, réponses aux faire-part. Nouvelles cartes de visite, madame *veuve* A... D... Une période blanche, sans pensées. Plusieurs fois, en marchant dans les rues, « je suis une grande personne » (ma mère, autrefois, « tu es une grande fille » à cause des règles).

On a réuni les vêtements de mon père pour les distribuer à des gens qui en auraient besoin. Dans son veston de tous les jours, accroché dans le cellier, j'ai trouvé son portefeuille. Dedans, il y avait un peu d'argent, le permis de conduire et, dans la partie qui se replie, une photo glissée à l'intérieur d'une coupure de journal. La photo, ancienne, avec des bords dentelés, montrait un groupe d'ouvriers alignés sur trois rangs, regardant l'objectif, tous en casquette. Photo typique des livres d'histoire pour « illustrer » une grève ou le Front populaire. J'ai reconnu mon père au dernier rang, l'air sérieux, presque inquiet. Beaucoup rient. La coupure de journal donnait les résultats, par ordre de mérite, du concours d'entrée des bachelières à l'école normale d'institutrices. Le deuxième nom, c'était moi.

Ma mère est redevenue calme. Elle servait les clients comme avant. Seule, ses traits s'affaissaient. Chaque matin, tôt, avant l'ouverture du commerce, elle a pris l'habitude d'aller au cimetière.

Dans le train du retour, le dimanche, j'essayais d'amuser mon fils pour qu'il se tienne tranquille, les voyageurs de première n'aiment pas le bruit et les enfants qui bougent. D'un seul coup, avec stupeur, « maintenant, je suis vraiment une bourgeoise » et « il est trop tard ».

Plus tard, au cours de l'été, en attendant mon premier poste, « il faudra que j'explique tout cela ». Je voulais dire, écrire au sujet de mon père, sa vie, et cette distance venue à l'adolescence entre lui et moi. Une distance de classe, mais particulière, qui n'a pas de nom. Comme de l'amour séparé.

Par la suite, j'ai commencé un roman dont il était le personnage principal. Sensation de dégoût au milieu du récit.

Depuis peu, je sais que le roman est impossible. Pour rendre compte d'une vie soumise à la nécessité, je n'ai pas le droit de prendre d'abord le parti de l'art, ni de chercher à faire quelque chose de « passionnant », ou d'« émouvant ». Je rassemblerai les paroles, les gestes, les goûts de mon père, les faits marquants de sa vie, tous les signes objectifs d'une existence que j'ai aussi partagée.

Aucune poésie du souvenir, pas de dérision jubilante. L'écriture plate me vient naturellement, celle-là même que j'utilisais en écrivant autrefois à mes parents pour leur dire les nouvelles essentielles.

L'histoire commence quelques mois avant le vingtième siècle, dans un village du pays de Caux, à vingt-cinq kilomètres de la mer. Ceux qui n'avaient pas de terre se *louaient* chez les gros fermiers de la région. Mon grand-père travaillait donc dans une ferme comme charretier. L'été, il faisait aussi les foins, la moisson. Il n'a rien fait d'autre de toute sa vie, dès l'âge de huit ans. Le samedi soir, il rapportait à sa femme toute sa paye et elle lui donnait son dimanche pour qu'il aille jouer aux dominos, boire son petit verre. Il rentrait saoul, encore plus sombre. Pour un rien, il distribuait des coups de casquette aux enfants. C'était un homme dur, personne n'osait lui chercher des noises. Sa femme *ne riait pas tous les jours*. Cette méchanceté était son ressort vital, sa force pour résister à la misère et croire qu'il était un homme. Ce qui le rendait violent, surtout, c'était de voir chez lui quelqu'un de la famille plongé dans un livre ou un journal. Il n'avait pas eu le temps d'apprendre à lire et à écrire. Compter, il savait.

Je n'ai vu qu'une seule fois mon grand-père, à l'hospice où il devait mourir trois mois après. Mon père m'a menée par la main à travers deux rangées de lits, dans une salle immense, vers un très petit vieux à la belle chevelure blanche et bouclée. Il riait tout le temps en me regardant, plein de gentillesse. Mon père lui avait glissé un quart d'eau-de-vie, qu'il avait enfoui sous ses draps.

Chaque fois qu'on m'a parlé de lui, cela commençait par « il ne savait ni lire ni écrire », comme si sa vie et son caractère ne se comprenaient pas sans cette donnée initiale. Ma grand-mère, elle, avait appris à l'école des sœurs. Comme les autres femmes du village, elle tissait chez elle pour le compte d'une fabrique de Rouen, dans une pièce sans air recevant un jour étroit d'ouvertures allongées, à peine plus larges que des meurtrières. Les étoffes ne devaient pas être abîmées par la lumière. Elle était propre sur elle et dans son ménage, qualité la plus importante au village, où les voisins surveillaient la blancheur et l'état du linge en train de sécher sur la corde et savaient si le seau de nuit était vidé tous les jours. Bien que les maisons soient isolées les unes des autres par des haies et des talus, rien n'échappait au regard des gens, ni l'heure à laquelle l'homme était rentré du bistrot, ni la semaine où les serviettes hygiéniques auraient dû se balancer au vent.

Ma grand-mère avait même de la distinction, aux fêtes elle portait un faux cul en carton et elle ne pissait pas debout sous ses jupes comme la plupart des

femmes de la campagne, par commodité. Vers la qua-
rantaine, après cinq enfants, les idées noires lui sont
venues, elle cessait de parler durant des jours. Plus
tard, des rhumatismes aux mains et aux jambes. Pour
guérir, elle allait voir saint Riquier, saint Guillaume du
Désert, frottait la statue avec un linge qu'elle s'ap-
pliquait sur les parties malades. Progressivement elle
a cessé de marcher. On louait une voiture à cheval
pour la conduire aux saints.

Ils habitaient une maison basse, au toit de chaume,
au sol en terre battue. Il suffit d'arroser avant de
balayer. Ils vivaient des produits du jardin et du poulailler, du beurre et de la crème que le fermier cédait
à mon grand-père. Des mois à l'avance ils pensaient
aux noces et aux communions, ils y arrivaient le
ventre creux de trois jours pour mieux profiter. Un
enfant du village, en convalescence d'une scarlatine,
est mort étouffé sous les vomissements des morceaux
de volaille dont on l'avait gavé. Les dimanches d'été,
ils allaient aux «assemblées», où l'on jouait et dansait. Un jour, mon père, en haut du mât de cocagne,
a glissé sans avoir décroché le panier de victuailles. La
colère de mon grand-père dura des heures. « *Espèce
de grand piot* » (nom du dindon en normand).

Le signe de croix sur le pain, la messe, les pâques.
Comme la propreté, la religion leur donnait la dignité.
Ils s'habillaient en dimanche, chantaient le Credo en
même temps que les gros fermiers, mettaient des
sous dans le plat. Mon père était enfant de chœur, il
aimait accompagner le curé porter le viatique. Tous
les hommes se découvraient sur leur passage.

Les enfants avaient toujours des vers. Pour les

chasser, on cousait à l'intérieur de la chemise, près du nombril, une petite bourse remplie d'ail. L'hiver, du coton dans les oreilles. Quand je lis Proust ou Mauriac, je ne crois pas qu'ils évoquent le temps où mon père était enfant. Son cadre à lui c'est le Moyen Âge.

Il faisait deux kilomètres à pied pour atteindre l'école. Chaque lundi, l'instituteur inspectait les ongles, le haut du tricot de corps, les cheveux à cause de la vermine. Il enseignait durement, la règle de fer sur les doigts, *respecté*. Certains de ses élèves parvenaient au certificat dans les premiers du canton, un ou deux à l'école normale d'instituteurs. Mon père manquait la classe, à cause des pommes à ramasser, du foin, de la paille à botteler, de tout ce qui se sème et se récolte. Quand il revenait à l'école, avec son frère aîné, le maître hurlait «Vos parents veulent donc que vous soyez misérables comme eux!». Il a réussi à savoir lire et écrire sans faute. Il aimait apprendre. (On disait apprendre tout court, comme boire ou manger.) Dessiner aussi, des têtes, les animaux. À douze ans, il se trouvait dans la classe du certificat. Mon grand-père l'a retiré de l'école pour le placer dans la même ferme que lui. On ne pouvait plus le nourrir à rien faire. «On n'y pensait pas, c'était pour tout le monde pareil.»

Le livre de lecture de mon père s'appelait *Le tour de la France par deux enfants*. On y lit des phrases étranges, comme :

Apprendre à toujours être heureux de notre sort
(p. 186 de la 326ᵉ édition).

Ce qu'il y a de plus beau au monde, c'est la charité du
pauvre (p. 11).

Une famille unie par l'affection possède la meilleure
des richesses (p. 260).

Ce qu'il y a de plus heureux dans la richesse, c'est
qu'elle permet de soulager la misère d'autrui (p. 130).

Le sublime à l'usage des enfants pauvres donne ceci :
L'homme actif ne perd pas une minute, et, à la fin de
la journée, il se trouve que chaque heure lui a apporté
quelque chose. Le négligent, au contraire, remet toujours
la peine à un autre moment; il s'endort et s'oublie par-
tout, aussi bien au lit qu'à la table et à la conversation; le
jour arrive à sa fin, il n'a rien fait; les mois et les années
s'écoulent, la vieillesse vient, il en est encore au même
point.

C'est le seul livre dont il a gardé le souvenir, « ça
nous paraissait réel ».

Il s'est mis à traire les vaches le matin à cinq
heures, à vider les écuries, panser les chevaux, traire
les vaches le soir. En échange, blanchi, nourri, logé,
un peu d'argent. Il couchait au-dessus de l'étable, une

paillasse sans draps. Les bêtes rêvent, toute la nuit tapent le sol. Il pensait à la maison de ses parents, un lieu maintenant interdit. L'une de ses sœurs, bonne à tout faire, apparaissait parfois à la barrière, avec son baluchon, muette. Le grand-père jurait, elle ne savait pas dire pourquoi elle s'était encore une fois sauvée de sa place. Le soir même, il la reconduisait chez ses patrons, en lui faisant honte.

Mon père était gai de caractère, joueur, toujours prêt à raconter des histoires, faire des farces. Il n'y avait personne de son âge à la ferme. Le dimanche, il servait la messe avec son frère, vacher comme lui. Il fréquentait les «assemblées», dansait, retrouvait les copains d'école. *On était heureux quand même. Il fallait bien.*

Il est resté gars de ferme jusqu'au régiment. Les heures de travail ne se comptaient pas. Les fermiers rognaient sur la nourriture. Un jour, la tranche de viande servie dans l'assiette d'un vieux vacher a ondulé doucement, dessous elle était pleine de vers. Le supportable venait d'être dépassé. Le vieux s'est levé, réclamant qu'ils ne soient plus traités comme des chiens. La viande a été changée. Ce n'est pas le *Cuirassé Potemkine.*

Des vaches du matin à celles du soir, le crachin d'octobre, les rasières de pommes qu'on bascule au pressoir, la fiente des poulaillers ramassée à larges pelles, avoir chaud et soif. Mais aussi la galette des rois, l'almanach Vermot, les châtaignes grillées, Mardi

gras t'en va pas nous ferons des crêpes, le cidre bou-
ché et les grenouilles pétées avec une paille. Ce serait
facile de faire quelque chose dans ce genre. L'éternel
retour des saisons, les joies simples et le silence des
champs. Mon père travaillait la terre des autres, il
n'en a pas vu la beauté, la splendeur de la Terre-Mère
et autres mythes lui ont échappé.

À la guerre 14, il n'est plus demeuré dans les
fermes que les jeunes comme mon père et les vieux.
On les ménageait. Il suivait l'avance des armées sur
une carte accrochée dans la cuisine, découvrait les
journaux polissons et allait au cinéma à Y… Tout le
monde lisait à haute voix le texte sous l'image, beaucoup n'avaient pas le temps d'arriver au bout. Il disait
les mots d'argot rapportés par son frère en permission. Les femmes du village surveillaient tous les
mois la lessive de celles dont le mari était au front,
pour vérifier s'il ne manquait rien, aucune pièce de
linge.

La guerre a secoué le temps. Au village, on jouait
au yoyo et on buvait du vin dans les cafés au lieu de
cidre. Dans les bals, les filles aimaient de moins en
moins les gars de ferme, qui portaient toujours une
odeur sur eux.

Par le régiment mon père est entré dans le monde.
Paris, le métro, une ville de Lorraine, un uniforme
qui les faisait tous égaux, des compagnons venus de
partout, la caserne plus grande qu'un château. Il eut
le droit d'échanger là ses dents rongées par le cidre
contre un appareil. Il se faisait prendre en photo souvent.

Au retour, il n'a plus voulu retourner dans la culture. Il a toujours appelé ainsi le travail de la terre, l'autre sens de culture, le spirituel, lui était inutile.

Naturellement, pas d'autre choix que l'usine. Au sortir de la guerre, Y... commençait à s'industrialiser. Mon père est entré dans une corderie qui embauchait garçons et filles dès l'âge de treize ans. C'était un travail propre, à l'abri des intempéries. Il y avait des toilettes et des vestiaires séparés pour chaque sexe, des horaires fixes. Après la sirène, le soir, il était libre et il ne sentait plus sur lui la laiterie. Sorti du premier cercle. À Rouen ou au Havre, on trouvait des emplois mieux payés, il lui aurait fallu quitter la famille, la mère crucifiée, affronter les malins de la ville. Il manquait de culot : huit ans de bêtes et de plaines.

Il était sérieux, c'est-à-dire, pour un ouvrier, ni feignant, ni buveur, ni noceur. Le cinéma et le charleston, mais pas le bistrot. Bien vu des chefs, ni syndicat ni politique. Il s'était acheté un vélo, il mettait chaque semaine de l'argent de côté.

Ma mère a dû apprécier tout cela quand elle l'a rencontré à la corderie, après avoir travaillé dans une fabrique de margarine. Il était grand, brun, des yeux bleus, se tenait très droit, il se « croyait » un peu. « Mon mari n'a jamais fait ouvrier. »

Elle avait perdu son père. Ma grand-mère tissait à domicile, faisait des lessives et du repassage pour finir d'élever les derniers de ses six enfants. Ma mère achetait le dimanche, avec ses sœurs, un cornet de miettes de gâteaux chez le pâtissier. Ils n'ont pu se fréquenter tout de suite, ma grand-mère ne voulait pas qu'on lui prenne ses filles trop tôt, à chaque fois, c'était les trois quarts d'une paye qui s'en allaient.

Les sœurs de mon père, employées de maison dans des familles bourgeoises ont regardé ma mère de haut. Les filles d'usine étaient accusées de ne pas savoir faire leur lit, de courir. Au village, on lui a trouvé mauvais genre. Elle voulait copier la mode des journaux, s'était fait couper les cheveux parmi les premières, portait des robes courtes et se fardait les yeux, les ongles des mains. Elle riait fort. En réalité, jamais elle ne s'était laissé toucher dans les toilettes, tous les dimanches elle allait à la messe et elle avait ajouré elle-même ses draps, brodé son trousseau. C'était une ouvrière vive, répondeuse. Une de ses phrases favorites : « Je vaux bien ces gens-là. »

Sur la photo du mariage, on lui voit les genoux. Elle fixe durement l'objectif sous le voile qui lui enserre le front jusqu'au-dessus des yeux. Elle ressemble à Sarah Bernhardt. Mon père se tient debout à côté d'elle, une petite moustache et « le col à manger de la tarte ». Ils ne sourient ni l'un ni l'autre.

Elle a toujours eu honte de l'amour. Ils n'avaient pas de caresses ni de gestes tendres l'un pour l'autre.

Devant moi, il l'embrassait d'un coup de tête brusque, comme par obligation, sur la joue. Il lui disait souvent des choses ordinaires mais en la regardant fixement, elle baissait les yeux et s'empêchait de rire. En grandissant, j'ai compris qu'il lui faisait des allusions sexuelles. Il fredonnait souvent *Parlez-moi d'amour*, elle chantait à bouleverser, aux repas de famille, *Voici mon corps pour vous aimer*.

Il avait appris la condition essentielle pour ne pas reproduire la misère des parents : ne pas *s'oublier* dans une femme.

Ils ont loué un logement à Y..., dans un pâté de maisons longeant une rue passante et donnant de l'autre côté sur une cour commune. Deux pièces en bas, deux à l'étage. Pour ma mère surtout, le rêve réalisé de la « chambre en haut ». Avec les économies de mon père, ils ont eu tout ce qu'il faut, une salle à manger, une chambre avec une armoire à glace. Une petite fille est née et ma mère est restée chez elle. Elle s'ennuyait. Mon père a trouvé une place mieux payée que la corderie, chez un couvreur.

C'est elle qui a eu l'idée, un jour où l'on a ramené mon père sans voix, tombé d'une charpente qu'il réparait, une forte commotion seulement. Prendre un commerce. Ils se sont remis à économiser, beaucoup de pain et de charcuterie. Parmi tous les commerces possibles, ils ne pouvaient en choisir qu'un sans mise de fonds importante et sans savoir-faire particulier, juste l'achat et la revente des marchandises. Un commerce pas cher parce qu'on y gagne peu. Le dimanche, ils sont allés voir à vélo les petits bistrots de quartier, les épiceries-merceries de campagne. Ils se renseignaient pour savoir s'il n'y avait pas de concurrent à proximité, ils avaient peur d'être roulés, de tout perdre pour finalement *retomber ouvriers.*

L..., à trente kilomètres du Havre, les brouillards y stagnent l'hiver toute la journée, surtout dans la partie la plus encaissée de la ville, au long de la rivière, la Vallée. Un ghetto ouvrier construit autour d'une usine textile, l'une des plus grosses de la région jusqu'aux années cinquante, appartenant à la famille Desgenetais, rachetée ensuite par Boussac. Après l'école, les filles entraient au tissage, une crèche accueillait plus tard leurs enfants dès six heures du matin. Les trois quarts des hommes y travaillaient aussi. Au fond de la combe, l'unique café-épicerie de la Vallée. Le plafond était si bas qu'on le touchait à main levée. Des pièces sombres où il fallait de l'électricité en plein midi, une minuscule courette avec un cabinet qui se déversait directement dans la rivière. Ils n'étaient pas indifférents au décor, mais ils avaient *besoin de vivre.*

Ils ont acheté le fonds à crédit.

Au début, le pays de Cocagne. Des rayons de nourritures et de boissons, des boîtes de pâté, des paquets de gâteaux. Étonnés aussi de gagner de l'argent maintenant avec une telle simplicité, un effort physique si réduit, commander, ranger, peser, le petit compte, merci au plaisir. Les premiers jours, au coup de sonnette, ils bondissaient ensemble dans la boutique, multipliaient les questions rituelles « et avec ça ? ». Ils s'amusaient, on les appelait patron, patronne.

Le doute est venu avec la première femme disant à voix basse, une fois ses commissions dans le sac, je suis un peu gênée en ce moment, est-ce que je peux payer samedi. Suivie d'une autre, d'une autre encore. L'ardoise ou le retour à l'usine. L'ardoise leur a paru la solution la moins pire.

Pour faire face, surtout pas de désirs. Jamais d'apéritifs ou de bonnes boîtes sauf le dimanche. Obligés d'être en froid avec les frères et sœurs qu'ils avaient d'abord régalés pour montrer qu'ils avaient les moyens. Peur continuelle de *manger le fonds*.

Ces jours-là, en hiver souvent, j'arrivais essoufflée, affamée, de l'école. Rien n'était allumé chez nous. Ils étaient tous les deux dans la cuisine, lui, assis à la table, regardait par la fenêtre, ma mère debout près de la gazinière. Des épaisseurs de silence me tombaient dessus. Parfois, lui ou elle, « il va falloir vendre ». Ce n'était plus la peine de commencer mes devoirs. Le monde allait *ailleurs*, à la Coop, au Familistère, n'importe où. Le client qui poussait alors la porte innocemment paraissait une suprême dérision. Accueilli comme un chien, il payait pour tous ceux qui ne venaient pas. Le monde nous abandonnait.

Le café-épicerie de la Vallée ne rapportait pas plus qu'une paye d'ouvrier. Mon père a dû s'embaucher sur un chantier de construction de la basse Seine. Il travaillait dans l'eau avec des grandes bottes. On n'était pas obligé de savoir nager. Ma mère tenait seule le commerce dans la journée.

Mi-commerçant, mi-ouvrier, des deux bords à la fois, voué donc à la solitude et à la méfiance. Il n'était pas syndiqué. Il avait peur des Croix-de-Feu qui défilaient dans L... et des rouges qui lui prendraient son fonds. Il gardait ses idées pour lui. *Il n'en faut pas dans le commerce.*

Ils ont fait leur trou peu à peu, liés à la misère et à peine au-dessus d'elle. Le crédit leur attachait les familles nombreuses ouvrières, les plus démunies. Vivant sur le besoin des autres, mais avec compréhension, refusant rarement de «marquer sur le compte». Ils se sentaient toutefois le *droit de faire la leçon* aux imprévoyants ou de menacer l'enfant que sa mère envoyait exprès aux courses à sa place en fin de semaine, sans argent: «Dis à ta mère qu'elle tâche de me payer, sinon je ne la servirai plus.» Ils ne sont plus ici du bord le plus humilié.

Elle était patronne à part entière, en blouse blanche. Lui gardait son bleu pour servir. Elle ne disait pas comme d'autres femmes «mon mari va me disputer si j'achète ça, si je vais là». Elle lui *faisait la guerre* pour qu'il retourne à la messe, où il avait cessé d'aller au régiment, pour qu'il perde ses *mauvaises manières* (c'est-à-dire de paysan ou d'ouvrier). Il lui laissait le soin des commandes et du chiffre d'affaires. C'était une femme qui pouvait aller partout, autrement dit, franchir les barrières sociales. Il l'admirait, mais il se moquait d'elle quand elle disait « j'ai fait un vent ».

Il est entré aux raffineries de pétrole Standard, dans l'estuaire de la Seine. Il faisait les quarts. Le jour, il n'arrivait pas à dormir à cause des clients. Il bouffissait, l'odeur de pétrole ne partait jamais, c'était en lui et elle le nourrissait. Il ne mangeait plus. Il gagnait beaucoup et il y avait de l'avenir. On promettait aux ouvriers une cité de toute beauté, avec salle de bains et cabinets à l'intérieur, un jardin.

Dans la Vallée, les brouillards d'automne persistaient toute la journée. Aux fortes pluies, la rivière inondait la maison. Pour venir à bout des rats d'eau, il a acheté une chienne à poil court qui leur brisait l'échine d'un coup de croc.

« Il y avait plus malheureux que nous. »

36, le souvenir d'un rêve, l'étonnement d'un pouvoir qu'il n'avait pas soupçonné, et la certitude résignée qu'ils ne pouvaient le conserver.

Le café-épicerie ne fermait jamais. Il passait à servir ses congés payés. La famille rappliquait toujours, gobergée. Heureux qu'ils étaient d'offrir au beau-frère chaudronnier ou employé de chemin de fer le spectacle de la profusion. Dans leur dos, ils étaient traités de riches, l'injure.

Il ne buvait pas. Il cherchait à *tenir sa place*. Paraître plus commerçant qu'ouvrier. Aux raffineries, il est passé contremaître.

J'écris lentement. En m'efforçant de révéler la trame significative d'une vie dans un ensemble de faits et de choix, j'ai l'impression de perdre au fur et à mesure la figure particulière de mon père. L'épure tend à prendre toute la place, l'idée à courir toute seule. Si au contraire je laisse glisser les images du souvenir, je le revois tel qu'il était, son rire, sa démarche, il me conduit par la main à la foire et les manèges me terrifient, tous les signes d'une condition partagée avec d'autres me deviennent indifférents. À chaque fois, je m'arrache du piège de l'individuel.

Naturellement, aucun bonheur d'écrire, dans cette entreprise où je me tiens au plus près des mots et des phrases entendues, les soulignant parfois par des italiques. Non pour indiquer un double sens au lecteur et lui offrir le plaisir d'une complicité, que je refuse sous toutes ses formes, nostalgie, pathétique ou dérision. Simplement parce que ces mots et ces phrases disent les limites et la couleur du monde où vécut mon père, où j'ai vécu aussi. Et l'on n'y prenait jamais un mot pour un autre.

La petite fille est rentrée de classe un jour avec mal à la gorge. La fièvre ne baissait pas, c'était la diphtérie. Comme les autres enfants de la Vallée, elle n'était pas vaccinée. Mon père était aux raffineries quand elle est morte. À son retour, on l'a entendu hurler depuis le haut de la rue. Hébétude pendant des semaines, des accès de mélancolie ensuite, il restait sans parler, à regarder par la fenêtre, de sa place à table. Il se *frappait* pour un rien. Ma mère racontait en s'essuyant les yeux avec un chiffon sorti de sa blouse, « elle est morte à sept ans, comme une petite sainte ».

Une photo prise dans la courette au bord de la rivière. Une chemise blanche aux manches retroussées, un pantalon sans doute en flanelle, les épaules tombantes, les bras légèrement arrondis. L'air mécontent, d'être surpris par l'objectif, peut-être, avant d'avoir pris la position. Il a quarante ans. Rien dans l'image pour rendre compte du malheur passé, ou de l'espérance. Juste les signes clairs du temps, un peu de ventre, les cheveux noirs qui se dégarnissent aux tempes, ceux, plus discrets, de la condition sociale, ces bras décollés du corps, les cabinets et la buanderie qu'un œil petit-bourgeois n'aurait pas choisis comme fond pour la photo.

En 1939 il n'a pas été appelé, trop vieux déjà. Les raffineries ont été incendiées par les Allemands et il est parti à bicyclette sur les routes tandis qu'elle profitait d'une place dans une voiture, elle était enceinte de six mois. À Pont-Audemer il a reçu des éclats d'obus au visage et il s'est fait soigner dans la seule pharmacie ouverte. Les bombardements continuaient. Il a retrouvé sa belle-mère et ses belles-sœurs avec leurs enfants et des paquets sur les marches de la basilique de Lisieux, noire de réfugiés ainsi que l'esplanade par-devant. Ils croyaient être protégés. Quand les Allemands les ont rejoints, il est rentré à L... L'épicerie avait été pillée de fond en comble par ceux qui n'avaient pu partir. À son tour ma mère est revenue et je suis née dans le mois qui a suivi. À l'école, quand on ne comprenait pas un problème, on nous appelait des enfants de guerre.

Jusqu'au milieu des années cinquante, dans les repas de communion, les réveillons de Noël, l'épopée de cette époque sera récitée à plusieurs voix, reprise indéfiniment avec toujours les thèmes de la peur, de la faim, du froid pendant l'hiver 1942. *Il fallait bien vivre malgré tout.* Chaque semaine, mon père rapportait d'un entrepôt, à trente kilomètres de L..., dans une carriole attachée derrière son vélo, les marchandises que les grossistes ne livraient plus. Sous les bombardements incessants de 1944, en cette partie de la Normandie, il a continué d'aller au ravitaillement, quémandant des suppléments pour les vieux, les familles nombreuses, tous ceux qui étaient au-dessous du marché noir. Il fut considéré dans la Vallée comme le héros du ravitaillement. Non pas choix, mais nécessité. Ultérieurement, certitude d'avoir joué un rôle, d'avoir vécu vraiment en ces années-là.

Le dimanche, ils fermaient le commerce, se promenaient dans les bois et pique-niquaient avec du flan sans œufs. Il me portait sur ses épaules en chantant et sifflant. Aux alertes, on se faufilait sous le billard du café avec la chienne. Sur tout cela ensuite, le sentiment que « c'était la destinée ». À la Libération, il m'a appris à chanter *La Marseillaise* en ajoutant à la fin « tas de cochons » pour rimer avec « sillon ». Comme les gens autour, il était très gai. Quand on entendait un avion, il m'emmenait par la main dans la rue et me disait de regarder le ciel, l'oiseau : la guerre était finie.

Entraîné par l'espérance générale de 1945, il a décidé de quitter la Vallée. J'étais souvent malade, le médecin voulait m'envoyer en aérium. Ils ont vendu le fonds pour retourner à Y... dont le climat venteux, l'absence de toute rivière ou ruisseau leur paraissaient bons pour la santé. Le camion de déménagement, à l'avant duquel nous étions installés, est arrivé dans Y... au milieu de la foire d'octobre. La ville avait été brûlée par les Allemands, les baraques et les manèges s'élevaient entre les décombres. Pendant trois mois, ils ont vécu dans un deux-pièces meublé sans électricité, au sol de terre battue, prêté par un membre de la famille. Aucun commerce correspondant à leurs moyens n'était à vendre. Il s'est fait embaucher par la ville au remblaiement des trous de bombe. Le soir, elle disait en se tenant à la barre pour les torchons qui fait le tour des vieilles cuisinières : « Quelle position. » Il ne répondait jamais. L'après-midi, elle me promenait dans toute la ville. Le centre seul avait été détruit, les magasins s'étaient installés dans des maisons particulières. Mesure de la

privation, une image : un jour, il fait déjà noir, à l'éta-
lage d'une petite fenêtre, la seule éclairée dans la rue,
brillent des bonbons roses, ovales, poudrés de blanc,
dans des sachets de cellophane. On n'y avait pas
droit, il fallait des tickets.

Ils ont trouvé un fonds de café-épicerie-bois-char-
bons dans un quartier décentré, à mi-chemin de la
gare et de l'hospice. C'est là qu'autrefois ma mère
petite fille allait aux commissions. Une maison pay-
sanne, modifiée par l'ajout d'une construction en
brique rouge à un bout, avec une grande cour, un
jardin et une demi-douzaine de bâtiments servant
d'entrepôts. Au rez-de-chaussée, l'alimentation communiquait avec le café par une pièce minuscule où
débouchait l'escalier pour les chambres et le grenier.
Bien qu'elle soit devenue la cuisine, les clients ont
toujours utilisé cette pièce comme passage entre
l'épicerie et le café. Sur les marches de l'escalier,
au bord des chambres, étaient stockés les produits
redoutant l'humidité, café, sucre. Au rez-de-chaussée, il n'y avait aucun endroit personnel. Les cabinets
étaient dans la cour. On vivait enfin *au bon air*.

La vie d'ouvrier de mon père s'arrête ici.

Il y avait plusieurs cafés proches du sien, mais pas
d'autre alimentation dans un large rayon. Longtemps le
centre est resté en ruine, les belles épiceries d'avant-

guerre campaient dans des baraquements jaunes. Personne pour leur *faire du tort*. (Cette expression, comme beaucoup d'autres, est inséparable de mon enfance, c'est par un effort de réflexion que j'arrive à la dépouiller de la menace qu'elle contenait alors.) La population du quartier, moins uniformément ouvrière qu'à L..., se composait d'artisans, d'employés du gaz, ou d'usines moyennes, de retraités du type « économiquement faibles ». Davantage de distances entre les gens. Des pavillons en meulière isolés par des grilles côtoyant des pâtés de cinq ou six habitations sans étage avec cour commune. Partout des jardinets de légumes.

Un café d'habitués, buveurs réguliers d'avant ou d'après le travail, dont la place est sacrée, équipes de chantiers, quelques clients qui auraient pu, avec leur *situation*, choisir un établissement moins populaire, un officier de marine en retraite, un contrôleur de la sécurité sociale, des gens *pas fiers* donc. Clientèle du dimanche, différente, familles entières pour l'apéro, grenadine aux enfants, vers onze heures. L'après-midi, les vieux de l'hospice libérés jusqu'à six heures, gais et bruyants, poussant la romance. Parfois, il fallait leur faire cuver rincettes et surincettes dans un bâtiment de la cour, sur une couverture, avant de les renvoyer présentables aux bonnes sœurs. Le café du dimanche leur servait de famille. Conscience de mon père d'avoir une fonction sociale nécessaire, d'offrir un lieu de fête et de liberté à tous ceux dont il disait « ils n'ont pas toujours été comme ça » sans pouvoir expliquer clairement pourquoi ils étaient devenus comme ça.

Mais évidemment un « assommoir » pour ceux qui n'y auraient jamais mis les pieds. À la sortie de la fabrique voisine de sous-vêtements, les filles venaient arroser les anniversaires, les mariages, les départs. Elles prenaient dans l'épicerie des paquets de boudoirs, qu'elles trempaient dans le mousseux, et elles éclataient en bouquets de rires, pliées en deux au-dessus de la table.

Voie étroite, en écrivant, entre la réhabilitation d'un mode de vie considéré comme inférieur, et la dénonciation de l'aliénation qui l'accompagne. Parce que ces façons de vivre étaient à nous, un bonheur même, mais aussi les barrières humiliantes de notre condition (conscience que « ce n'est pas assez bien chez nous »), je voudrais dire à la fois le bonheur et l'aliénation. Impression, bien plutôt, de tanguer d'un bord à l'autre de cette contradiction.

Alentour de la cinquantaine, encore la force de l'âge, la tête très droite, l'air soucieux, comme s'il craignait que la photo ne soit ratée, il porte un ensemble, pantalon foncé, veste claire sur une chemise et une cravate. Photo prise un dimanche, en semaine, il était en bleus. De toute façon, on prenait les photos le dimanche, plus de temps, et l'on était mieux habillé. Je figure à côté de lui, en robe à volants, les deux bras tendus sur le guidon de mon premier vélo, un pied à terre. Il a une main ballante, l'autre à sa ceinture. En fond, la porte ouverte du café, les fleurs sur le bord de la fenêtre, au-dessus de celle-ci la plaque de licence des débits de boisson. On se fait photographier avec ce qu'on est fier de posséder, le commerce, le vélo, plus tard la 4 CV, sur le toit de laquelle il appuie une main, faisant par ce geste remonter exagérément son veston. Il ne rit sur aucune photo.

Par rapport aux années de jeunesse, les trois-huit des raffineries, les rats de la Vallée, l'évidence du bonheur.

On avait tout *ce qu'il faut*, c'est-à-dire qu'on mangeait à notre faim (preuve, l'achat de viande à la boucherie quatre fois par semaine), on avait chaud dans la cuisine et le café, seules pièces où l'on vivait. Deux tenues, l'une pour le tous-les-jours, l'autre pour le dimanche (la première usée, on *dépassait* celle du dimanche au tous-les-jours). J'avais *deux* blouses d'école. *La gosse n'est privée de rien.* Au pensionnat, on ne pouvait pas dire que j'avais *moins bien que les autres*, j'avais *autant* que les filles de cultivateurs ou de pharmacien en poupées, gommes et taille-crayons, chaussures d'hiver fourrées, chapelet et missel vespéral romain.

Ils ont pu embellir la maison, supprimant ce qui rappelait l'ancien temps, les poutres apparentes, la cheminée, les tables en bois et les chaises de paille. Avec son papier à fleurs, son comptoir peint et brillant, les tables et guéridons en simili-marbre, le café est devenu propre et gai. Du balatum à grands damiers jaunes et bruns a recouvert le parquet des chambres. La seule contrariété longtemps, la façade en colombage, à raies blanches et noires, dont le ravalement en crépi était au-dessus de leurs moyens. En passant, l'une de mes institutrices a dit une fois que la maison était jolie, une vraie maison normande. Mon père a cru qu'elle parlait ainsi par politesse. Ceux qui admiraient nos vieilles choses, la pompe à eau dans la cour, le colombage normand, voulaient sûrement nous empêcher de posséder ce qu'ils possédaient déjà, eux, de moderne, l'eau sur l'évier et un pavillon blanc.

Il a emprunté pour devenir propriétaire des murs et du terrain. Personne dans la famille ne l'avait jamais été.

Sous le bonheur, la crispation de l'aisance gagnée à l'arraché. *Je n'ai pas quatre bras. Même pas une minute pour aller au petit endroit. La grippe, moi, je la fais en marchant.* Etc. Chant quotidien.

Comment décrire la vision d'un monde où tout *coûte cher.* Il y a l'odeur de linge frais d'un matin d'octobre, la dernière chanson du poste qui bruit dans la tête. Soudain, ma robe s'accroche par la poche à la poignée du vélo, se déchire. Le drame, les cris, la journée est finie. « Cette gosse ne *compte* rien ! »

Sacralisation obligée des choses. Et sous toutes les paroles, des uns et des autres, les miennes, soupçonner des envies et des comparaisons. Quand je disais, «il y a une fille qui a visité les châteaux de la Loire», aussitôt, fâchés, «Tu as bien le temps d'y aller. Sois heureuse avec ce que tu as». Un manque continuel, sans fond.

Mais désirer pour désirer, car ne pas savoir au fond ce qui est beau, ce qu'il faudrait aimer. Mon père s'en est toujours remis aux conseils du peintre, du menuisier, pour les couleurs et les formes, *ce qui se fait*. Ignorer jusqu'à l'idée qu'on puisse s'entourer d'objets choisis un par un. Dans leur chambre, aucune décoration, juste des photos encadrées, des napperons fabriqués pour la fête des mères, et sur la cheminée, un grand buste d'enfant en céramique, que le marchand de meubles avait joint en prime pour l'achat d'un cosy-corner.

Leitmotiv, *il ne faut pas péter plus haut qu'on l'a*.

La peur d'être *déplacé*, d'avoir honte. Un jour, il est monté par erreur en première avec un billet de seconde. Le contrôleur lui a fait payer le supplément. Autre souvenir de honte : chez le notaire, il a dû écrire le premier «lu et approuvé», il ne savait pas comment orthographier, il a choisi «à prouver». Gêne, obsession de cette faute, sur la route du retour. L'ombre de l'indignité.

Dans les films comiques de cette époque, on voyait beaucoup de héros naïfs et paysans se comporter de travers à la ville ou dans les milieux mondains (rôles de Bourvil). On riait aux larmes des bêtises qu'ils disaient, des impairs qu'ils osaient commettre, et qui figuraient ceux qu'on craignait de commettre soi-même. Une fois, j'ai lu que Bécassine en apprentissage, ayant à broder un oiseau sur un bavoir, et sur les autres *idem*, broda *idem* au point de bourdon. Je n'étais pas sûre que je n'aurais pas brodé *idem*.

Devant les personnes qu'il jugeait importantes, il avait une raideur timide, ne posant jamais aucune question. Bref, se comportant avec intelligence. Celle-ci consistait à percevoir notre infériorité et à la refuser en la cachant du mieux possible. Toute une soirée à nous demander ce que la directrice avait bien pu vouloir dire par : « Pour ce rôle, votre petite fille sera en *costume de ville*. » Honte d'ignorer ce qu'on aurait forcément su si nous n'avions pas été ce que nous étions, c'est-à-dire inférieurs.

Obsession : « *Qu'est-ce qu'on va penser de nous ?* » (les voisins, les clients, tout le monde).

Règle : déjouer constamment le regard critique des autres, par la politesse, l'absence d'opinion, une attention minutieuse aux humeurs qui risquent de vous atteindre. Il ne regardait pas les légumes d'un jardin que le propriétaire était en train de bêcher, à moins d'y être convié par un signe, sourire ou petit mot. Jamais de visite, même à un malade en clinique, sans être invité. Aucune question où se dévoileraient une curiosité, une envie qui donnent barre à l'interlocuteur sur nous. Phrase interdite : « Combien vous avez payé ça ? »

Je dis souvent «nous» maintenant, parce que j'ai longtemps pensé de cette façon et je ne sais pas quand j'ai cessé de le faire.

Le patois avait été l'unique langue de mes grands-parents.

Il se trouve des gens pour apprécier le «pittoresque du patois» et du français populaire. Ainsi Proust relevait avec ravissement les incorrections et les mots anciens de Françoise. Seule l'esthétique lui importe parce que Françoise est sa bonne et non sa mère. Que lui-même n'a jamais senti ces tournures lui venir aux lèvres spontanément.

Pour mon père, le patois était quelque chose de vieux et de laid, un signe d'infériorité. Il était fier d'avoir pu s'en débarrasser en partie, même si son français n'était pas bon, c'était du français. Aux kermesses d'Y..., des forts en bagout, costumés à la normande, faisaient des sketches en patois, le public riait. Le journal local avait une chronique normande pour amuser les lecteurs. Quand le médecin ou n'importe qui de *haut placé* glissait une expression cauchoise dans la conversation comme «elle pète par la sente» au lieu de «elle va bien», mon père répétait la phrase du docteur à ma mère avec satisfaction, heureux de croire que ces gens-là, pourtant si chics, avaient encore quelque chose de commun avec nous, une petite infériorité. Il était persuadé que cela leur avait échappé. Car il lui a toujours paru impossible que l'on puisse parler « bien » naturellement. Toubib ou curé, il fallait se forcer, s'écouter, quitte chez soi à se laisser aller.

Bavard au café, en famille, devant les gens qui parlaient bien il se taisait, ou il s'arrêtait au milieu d'une phrase, disant « n'est-ce pas » ou simplement « pas » avec un geste de la main pour inviter la personne à comprendre et à poursuivre à sa place. Toujours parler avec précaution, peur indicible du mot de travers, d'aussi mauvais effet que de lâcher un pet.

Mais il détestait aussi les grandes phrases et les expressions nouvelles qui ne « voulaient rien dire ». Tout le monde à un moment disait : « Sûrement pas » à tout bout de champ, il ne comprenait pas qu'on dise deux mots se contredisant. À l'inverse de ma mère, soucieuse de faire évoluée, qui osait expérimenter, avec un rien d'incertitude, ce qu'elle venait d'entendre ou de lire, il se refusait à employer un vocabulaire qui n'était pas le sien.

Enfant, quand je m'efforçais de m'exprimer dans un langage châtié, j'avais l'impression de me jeter dans le vide.

Une de mes frayeurs imaginaires, avoir un père instituteur qui m'aurait obligée à bien parler sans arrêt, en détachant les mots. On parlait avec toute la bouche.

Puisque la maîtresse me « reprenait », plus tard j'ai voulu reprendre mon père, lui annoncer que « se parterrer » ou « quart moins d'onze heures » n'*exis-*

taient pas. Il est entré dans une violente colère. Une autre fois : « Comment voulez-vous que je ne me fasse pas reprendre, si vous parlez mal tout le temps ! » Je pleurais. Il était malheureux. Tout ce qui touche au langage est dans mon souvenir motif de rancœur et de chicanes douloureuses, bien plus que l'argent.

Il était gai.

Il blaguait avec les clientes qui aimaient à rire. Grivoiseries à mots couverts. Scatologie. L'ironie, inconnue. Au poste, il prenait les émissions de chansonniers, les jeux. Toujours prêt à m'emmener au cirque, aux films *bêtes*, au feu d'artifice. À la foire, on montait dans le train fantôme, l'Himalaya, on entrait voir la femme la plus grosse du monde et le Lilliputien.

Il n'a jamais mis les pieds dans un musée. Il s'arrêtait devant un beau jardin, des arbres en fleur, une ruche, regardait les filles bien en chair. Il admirait les constructions immenses, les grands travaux modernes (le pont de Tancarville). Il aimait la musique de cirque, les promenades en voiture dans la campagne, c'est-à-dire qu'en parcourant des yeux les champs, les hêtrées, en écoutant l'orchestre de Bouglione, il paraissait heureux. L'émotion qu'on éprouve en entendant un air, devant des paysages, n'était pas un sujet de conversation. Quand j'ai commencé à fréquenter la petite-bourgeoisie d'Y..., on me demandait d'abord mes goûts, le jazz ou la musique classique, Tati ou

René Clair, cela suffisait à me faire comprendre que j'étais passée dans un autre monde.

Un été, il m'a emmenée trois jours dans la famille, au bord de la mer. Il marchait pieds nus dans des sandales, s'arrêtait à l'entrée des blockhaus, buvait des demis à la terrasse des cafés et moi des sodas. Pour ma tante, il a tué un poulet qu'il tenait entre ses jambes, en lui enfonçant des ciseaux dans le bec, le sang gras dégouttait sur la terre du cellier. Ils restaient tous à table jusqu'au milieu de l'après-midi, à évoquer la guerre, les parents, à se passer des photos autour des tasses vides. « *On prendra bien le temps de mourir, marchez !* »

Peut-être une tendance profonde à ne pas s'en faire, malgré tout. Il s'inventa des occupations qui l'éloignaient du commerce. Un élevage de poules et de lapins, la construction de dépendances, d'un garage. La disposition de la cour s'est modifiée souvent au gré de ses désirs, les cabinets et le poulailler ont déménagé trois fois. Toujours l'envie de démolir et de reconstruire.

Ma mère : « C'est un homme de la campagne, que voulez-vous. »

Il reconnaissait les oiseaux à leur chant et regardait le ciel chaque soir pour savoir le temps qu'il ferait, froid et sec s'il était rouge, pluie et vent quand la lune était dans l'eau, c'est-à-dire immergée dans les nuages. Tous les après-midi il filait à son jardin, toujours net. Avoir un jardin sale, aux légumes mal soignés indiquait un laisser-aller de mauvais aloi, comme se négliger sur sa personne ou trop boire. C'était perdre la notion du temps, celui où les espèces doivent se mettre en terre, le souci de ce que penseraient les autres. Parfois des ivrognes notoires se rachetaient par un beau jardin cultivé entre deux cuites. Quand mon père n'avait pas réussi des poireaux ou n'importe quoi d'autre, il y avait du désespoir en lui. À la tombée du jour, il vidait le seau de nuit dans la dernière rangée ouverte par la bêche, furieux s'il découvrait, en le déversant, des vieux bas et des stylos bille que j'y avais jetés, par paresse de descendre à la poubelle.

Pour manger, il ne se servait que de son Opinel. Il coupait le pain en petits cubes, déposés près de son assiette pour y piquer des bouts de fromage, de charcuterie, et saucer. Me voir laisser de la nourriture dans l'assiette lui faisait deuil. On aurait pu ranger la sienne sans la laver. Le repas fini, il essuyait son couteau contre son bleu. S'il avait mangé du hareng, il l'enfouissait dans la terre pour lui enlever l'odeur. Jusqu'à la fin des années cinquante, il a mangé de la soupe le matin, après il s'est mis au café au lait, avec réticence, comme s'il sacrifiait à une délicatesse féminine. Il le buvait cuillère par cuillère, en aspirant, comme de la soupe. À cinq heures, il se faisait sa collation, des œufs, des radis, des pommes cuites et se contentait le soir d'un potage. La mayonnaise, les sauces compliquées, les gâteaux, le dégoûtaient.

Il dormait toujours avec sa chemise et son tricot de corps. Pour se raser, trois fois par semaine, dans l'évier de la cuisine surmonté d'une glace, il déboutonnait son col, je voyais sa peau très blanche à partir du cou. Les salles de bains, signe de richesse, commençaient à se répandre après la guerre, ma mère a fait installer un cabinet de toilette à l'étage, il ne s'en est jamais servi, continuant de se débarbouiller dans la cuisine.

Dans la cour, l'hiver, il crachait et il éternuait avec plaisir.

Ce portrait, j'aurais pu le faire autrefois, en rédaction, à l'école, si la description de ce que je connaissais n'avait pas été interdite. Un jour, une fille, en classe de CM2, a fait s'envoler son cahier par un splendide atchoum. La maîtresse au tableau s'est retournée : « Distingué, vraiment ! »

Personne à Y..., dans les classes moyennes, commerçants du centre, employés de bureau, ne veut avoir l'air de « sortir de sa campagne ». Faire paysan signifie qu'on n'est pas évolué, toujours en retard sur ce qui se fait, en vêtements, langage, allure. Anecdote qui plaisait beaucoup : un paysan, en visite chez son fils à la ville, s'assoit devant la machine à laver qui tourne, et reste là, pensif, à fixer le linge brassé derrière le hublot. À la fin, il se lève, hoche la tête et dit à sa belle-fille : «On dira ce qu'on voudra, la télévision c'est pas au point.»

Mais à Y..., on regardait moins les manières des gros cultivateurs qui débarquaient au marché dans des Vedette, puis des DS, maintenant des CX. Le pire, c'était d'avoir les gestes et l'allure d'un paysan sans l'être.

Lui et ma mère s'adressaient continuellement la parole sur un ton de reproche, jusque dans le souci qu'ils avaient l'un de l'autre. «Mets ton cache-nez pour dehors!» ou «Reste donc assise un peu!», on aurait dit des injures. Ils chicanaient sans cesse pour savoir qui avait perdu la facture du limonadier, oublié d'éteindre dans la cave. Elle criait plus haut que lui parce que tout lui *tapait sur le système*, la livraison en retard, le casque trop chaud du coiffeur, les règles et les clients. Parfois : «Tu n'étais pas fait pour être commerçant» (comprendre : tu aurais dû rester ouvrier). Sous l'insulte, sortant de son calme habituel : «CARNE! J'aurais mieux fait de te laisser où tu étais.» Échange hebdomadaire : Zéro! — Cinglée!

Triste individu! — Vieille garce!

Etc. Sans aucune importance.

On ne savait pas se parler entre nous autrement que d'une manière râleuse. Le ton poli réservé aux étrangers. Habitude si forte que, tâchant de s'exprimer comme il faut en compagnie de gens, mon père retrouvait pour m'interdire de grimper au tas de cailloux un ton brusque, son accent et des invectives normandes, détruisant le bon effet qu'il voulait donner. Il n'avait pas appris à me gronder en distingué et je n'aurais pas cru à la menace d'une gifle proférée sous une forme correcte.

La politesse entre parents et enfants m'est demeurée longtemps un mystère. J'ai mis aussi des années à « comprendre » l'extrême gentillesse que des personnes bien éduquées manifestent dans leur simple bonjour. J'avais honte, je ne méritais pas tant d'égards, j'allais jusqu'à imaginer une sympathie particulière à mon endroit. Puis je me suis aperçue que ces questions posées avec l'air d'un intérêt pressant, ces sourires, n'avaient pas plus de sens que de manger bouche fermée ou de se moucher discrètement.

Le déchiffrement de ces détails s'impose à moi maintenant, avec d'autant plus de nécessité que je les ai refoulés, sûre de leur insignifiance. Seule une mémoire humiliée avait pu me les faire conserver. Je me suis pliée au désir du monde où je vis, qui s'efforce de vous faire oublier les souvenirs du monde d'en bas comme si c'était quelque chose de mauvais goût.

Quand je faisais mes devoirs sur la table de la cuisine, le soir, il feuilletait mes livres, surtout l'histoire, la géographie, les sciences. Il aimait que je lui pose des colles. Un jour, il a exigé que je lui fasse faire une dictée, pour me prouver qu'il avait une bonne orthographe. Il ne savait jamais dans quelle classe j'étais, il disait, « Elle est chez mademoiselle Untel ». L'école, une institution religieuse voulue par ma mère, était pour lui un univers terrible qui, comme l'île de Laputa dans *Les Voyages de Gulliver*, flottait au-dessus de moi pour diriger mes manières, tous mes gestes : « C'est du beau ! Si la maîtresse te voyait ! » ou encore : « J'irai voir ta maîtresse, elle te fera obéir ! »

Il disait toujours *ton* école et il prononçait le pension-nat, la chère Sœur-œur (nom de la directrice), en détachant, du bout des lèvres, dans une déférence affectée, comme si la prononciation normale de ces mots supposait, avec le lieu fermé qu'ils évoquent, une familiarité qu'il ne se sentait pas en droit de revendiquer. Il refusait d'aller aux fêtes de l'école, même quand je jouais un rôle. Ma mère s'indignait, « *il n'y a pas de raison pour que tu n'y ailles pas* ». Lui, « mais tu sais bien que je vais jamais à *tout ça* ».

Souvent, sérieux, presque tragique : « Écoute bien à ton école ! » Peur que cette faveur étrange du destin, mes bonnes notes, ne cesse d'un seul coup. Chaque composition réussie, plus tard chaque examen, autant de *pris*, l'espérance que je serais *mieux que lui*.

À quel moment ce rêve a-t-il remplacé son propre rêve, avoué une fois, tenir un beau café au cœur de la ville, avec une terrasse, des clients de passage, une machine à café sur le comptoir. Manque de fonds, crainte de se lancer encore, résignation. *Que voulez-vous.*

Il ne sortira plus du monde coupé en deux du petit commerçant. D'un côté les bons, ceux qui se servent chez lui, de l'autre, les méchants, les plus nombreux, qui vont ailleurs, dans les magasins du centre reconstruits. À ceux-là joindre le gouvernement soupçonné de vouloir notre mort en favorisant les *gros.* Même dans les bons clients, une ligne de partage, les bons, qui prennent toutes leurs commissions à la boutique, les mauvais, venant nous faire injure en achetant le litre d'huile qu'ils ont oublié de rapporter d'en ville. Et des bons, encore se méfier, toujours prêts aux infidélités, persuadés qu'on les vole. Le monde entier ligué. Haine et servilité, haine de sa servilité. Au fond de lui, l'espérance de tout commerçant, être seul dans une ville à vendre sa marchandise. On allait chercher le pain à un kilomètre de la maison parce que le boulanger d'à côté ne nous achetait rien.

Il a voté Poujade, comme un bon tour à jouer, sans conviction, et trop « grande gueule » pour lui.

Mais il n'était pas *malheureux.* La salle de café toujours tiède, la radio en fond, le défilé des habitués de sept heures du matin à neuf heures du soir, avec les mots d'entrée rituels, comme les réponses. « Bonjour tout le monde — Bonjour tout seul. » Conversations,

la pluie, les maladies, les morts, l'embauche, la séche-
resse. Constatation des choses, chant alterné de
l'évidence, avec, pour égayer, les plaisanteries rodées,
c'est le tort chez moi, à demain chef, à deux pieds. Cen-
drier vidé, coup de lavette à la table, de torchon à la
chaise.

Entre deux, prendre la place de ma mère à l'épicerie, sans plaisir, préférant la vie du café, ou peut-être
ne préférant rien, que le jardinage et la construction
de bâtiments à sa guise. Le parfum des troènes en
fleur à la fin du printemps, les aboiements clairs des
chiens en novembre, les trains qu'on entend, signe de
froid, oui, sans doute, tout ce qui fait dire au monde
qui dirige, domine, écrit dans les journaux, « ces gens-
là sont *tout de même* heureux ».

Le dimanche, lavage du corps, un bout de messe,
parties de dominos ou promenade en voiture l'après-
midi. Lundi, sortir la poubelle, mercredi le voyageur
des spiritueux, jeudi, de l'alimentation, etc. L'été, ils
fermaient le commerce un jour entier pour aller chez
des amis, un employé du chemin de fer, et un autre
jour ils se rendaient en pèlerinage à Lisieux. Le matin,
visite du Carmel, du diorama, de la basilique, restaurant. L'après-midi, les Buissonnets et Trouville-Deau-
ville. Il se trempait les pieds, jambes de pantalon
relevées, avec ma mère qui remontait un peu ses
jupes. Ils ont cessé de le faire parce que ce n'était
plus à la mode.

Chaque dimanche, manger quelque chose de bon.

La même vie désormais, pour lui. Mais la certitude
qu'*on ne peut pas être plus heureux qu'on est*.

Ce dimanche-là, il avait fait la sieste. Il passe devant la lucarne du grenier. Tient à la main un livre qu'il va remettre dans une caisse laissée en dépôt chez nous par l'officier de marine. Un petit rire en m'apercevant dans la cour. C'est un livre obscène.

Une photo de moi, prise seule, au-dehors, avec à ma droite la rangée de remises, les anciennes acco-lées aux neuves. Sans doute n'ai-je pas encore de notions esthétiques. Je sais toutefois paraître à mon avantage : tournée de trois quarts pour estomper les hanches moulées dans une jupe étroite, faire ressor-tir la poitrine, une mèche de cheveux balayant le front. Je souris pour me faire l'air doux. J'ai seize ans. Dans le bas, l'ombre portée du buste de mon père qui a pris la photo.

Je travaillais mes cours, j'écoutais des disques, je lisais, toujours dans ma chambre. Je n'en descendais que pour me mettre à table. On mangeait sans parler. Je ne riais jamais à la maison. Je faisais de « l'ironie ». C'est le temps où tout ce qui me touche de près m'est étranger. J'émigre doucement vers le monde petit-bourgeois, admise dans ces surboums dont la seule condition d'accès, mais si difficile, consiste à ne pas être *cucul*. Tout ce que j'aimais me semble *péquenot*, Luis Mariano, les romans de Marie-Anne Desmarets, Daniel Gray, le rouge à lèvres et la poupée gagnée à la foire qui étale sa robe de paillettes sur mon lit. Même les idées de mon milieu me paraissent ridicules, des *préjugés*, par exemple, «la police, il en faut» ou «on n'est pas un homme tant qu'on n'a pas fait son service». L'univers pour moi s'est retourné.

Je lisais la «vraie» littérature, et je recopiais des phrases, des vers, qui, je croyais, exprimaient mon «âme», l'indicible de ma vie, comme «Le bonheur est un dieu qui marche les mains vides»... (Henri de Régnier).

Mon père est entré dans la catégorie des *gens simples* ou *modestes* ou *braves gens*. Il n'osait plus me raconter des histoires de son enfance. Je ne lui parlais plus de mes études. Sauf le latin, parce qu'il avait servi la messe, elles lui étaient incompréhensibles et il refusait de faire mine de s'y intéresser, à la différence de ma mère. Il se fâchait quand je me plaignais du travail ou critiquais les cours. Le mot «prof» lui déplaisait, ou «dirlo», même «bouquin». Et toujours la peur ou PEUT-ÊTRE LE DÉSIR que je n'y arrive pas.

Il s'énervait de me voir à longueur de journée dans les livres, mettant sur leur compte mon visage fermé et ma mauvaise humeur. La lumière sous la porte de ma chambre le soir lui faisait dire que je m'usais la santé. Les études, une souffrance obligée pour obtenir une bonne situation et *ne pas prendre un ouvrier*. Mais que j'aime me casser la tête lui paraissait suspect. Une absence de vie à la fleur de l'âge. Il avait parfois l'air de penser que j'étais malheureuse.

Devant la famille, les clients, de la gêne, presque de la honte que je ne gagne pas encore ma vie à dix-sept ans, autour de nous toutes les filles de cet âge allaient au bureau, à l'usine ou servaient derrière le comptoir de leurs parents. Il craignait qu'on ne me prenne pour une paresseuse et lui pour un crâneur. Comme une excuse: «On ne l'a jamais poussée, elle avait ça dans elle.» Il disait que j'apprenais bien, jamais que je travaillais bien. Travailler, c'était seulement travailler de ses mains.

Les études n'avaient pas pour lui de rapport avec la vie ordinaire. Il lavait la salade dans une seule eau, aussi restait-il souvent des limaces. Il a été scandalisé quand, forte des principes de désinfection reçus en troisième, j'ai proposé qu'on la lave dans plusieurs eaux. Une autre fois, sa stupéfaction a été sans bornes, de me voir parler anglais avec un auto-stoppeur qu'un client avait pris dans son camion. Que j'aie appris une langue étrangère en classe, sans aller dans le pays, le laissait incrédule.

À cette époque, il a commencé d'entrer dans des colères, rares, mais soulignées d'un rictus de haine. Une complicité me liait à ma mère. Histoires de mal au ventre mensuel, de soutien-gorge à choisir, de produits de beauté. Elle m'emmenait faire des achats à

Rouen, rue du Gros-Horloge, et manger des gâteaux chez Périer, avec une petite fourchette. Elle cherchait à employer mes mots, flirt, être un crack, etc. On n'avait pas besoin de lui.

La dispute éclatait à table pour un rien Je croyais toujours avoir raison parce qu'il ne savait pas *discuter*. Je lui faisais des remarques sur sa façon de manger ou de parler. J'aurais eu honte de lui reprocher de ne pas pouvoir m'envoyer en vacances, j'étais sûre qu'il était légitime de vouloir le faire changer de manières. Il aurait peut-être préféré avoir une autre fille.

Un jour : « Les livres, la musique, c'est bon pour toi. Moi je n'en ai pas besoin pour *vivre*. »

Le reste du temps, il vivait patiemment. Quand je revenais de classe, il était assis dans la cuisine, tout près de la porte donnant sur le café, à lire *Paris-Normandie*, le dos voûté, les bras allongés de chaque côté du journal étalé sur la table. Il levait la tête : « Tiens voilà la fille.

— Ce que j'ai faim !

— C'est une bonne maladie. Prends ce que tu veux. »

Heureux de me nourrir, au moins. On se disait les mêmes choses qu'autrefois, quand j'étais petite, rien d'autre.

Je pensais qu'il ne pouvait plus rien pour moi. Ses mots et ses idées n'avaient pas cours dans les salles de français ou de philo, les séjours à canapé de velours rouge des amies de classe. L'été, par la fenêtre ouverte de ma chambre, j'entendais le bruit de sa bêche aplatissant régulièrement la terre retournée.

J'écris peut-être parce qu'on n'avait plus rien à se dire.

À la place des ruines de notre arrivée, le centre de Y… offrait maintenant des petits immeubles crème, avec des commerces modernes qui restaient illuminés la nuit. Le samedi et le dimanche, tous les jeunes des environs tournaient dans les rues ou regardaient la télé dans les cafés. Les femmes du quartier remplissaient leur panier pour le dimanche dans les grandes alimentations du centre. Mon père avait enfin sa façade en crépi blanc, ses rampes de néon, déjà les cafetiers qui avaient du flair revenaient au colombage normand, aux fausses poutres et aux vieilles lampes. Soirs repliés à compter la recette. « On leur donnerait la marchandise qu'ils ne viendraient pas chez vous. » Chaque fois qu'un magasin nouveau s'ouvrait dans Y…, il allait faire un tour du côté, à vélo.

Ils sont arrivés à se maintenir. Le quartier s'est prolétarisé. À la place des cadres moyens partis habiter les immeubles neufs avec salle de bains, des gens à petit budget, jeunes ménages ouvriers, familles nombreuses en attente d'une H.L.M. « Vous paierez demain, on est gens de revue. » Les petits vieux étaient morts, les suivants n'avaient plus la permission de rentrer saouls, mais une clientèle moins gaie, plus rapide et payante de buveurs occasionnels leur avait succédé. L'impression de tenir maintenant un débit de boissons convenable.

Il est venu me chercher à la fin d'une colonie de vacances où j'avais été monitrice. Ma mère a crié houhou de loin et je les ai aperçus. Mon père marchait voûté, baissant la tête à cause du soleil. Ses oreilles se détachaient, un peu rouges sans doute parce qu'il venait de se faire couper les cheveux. Sur le trottoir, devant la cathédrale, ils parlaient très fort en se chamaillant sur la direction à prendre pour le retour. Ils ressemblaient à tous ceux qui n'ont pas l'habitude de sortir. Dans la voiture, j'ai remarqué qu'il avait des taches jaunes près des yeux, sur les tempes. J'avais pour la première fois vécu loin de la maison, pendant deux mois, dans un monde jeune et libre. Mon père était vieux, crispé. Je ne me sentais plus le droit d'entrer à l'Université.

Quelque chose d'indistinct, une gêne après les repas. Il prenait de la magnésie, redoutant d'appeler le médecin. À la radio, enfin, le spécialiste de Rouen lui a découvert un polype à l'estomac, qu'il fallait enlever rapidement. Ma mère lui reprochait sans cesse de se faire du souci pour rien. Culpabilité, en plus, de coûter cher. (Les commerçants ne profitaient pas encore de la sécurité sociale.) Il disait, « c'est une tuile ».

Après l'opération, il est resté le moins longtemps possible à la clinique et il s'est remis lentement à la maison. Ses forces étaient perdues. Sous peine d'une déchirure, il ne pouvait plus soulever de casiers, travailler au jardin plusieurs heures d'affilée. Désormais, spectacle de ma mère courant de la cave au magasin, soulevant les caisses de livraison et les sacs de patates, travaillant double. Il a perdu sa fierté à cinquante-neuf ans. «Je ne suis plus bon à rien.» Il s'adressait à ma mère. Plusieurs sens peut-être.

Mais désir de reprendre le dessus, de s'habituer encore. Il s'est mis à chercher ses aises. Il s'écoutait. La nourriture est devenue une chose terrible, bénéfique ou maléfique suivant qu'elle passait bien ou lui *revenait en reproche*. Il reniflait le bifteck ou le merlan avant de les jeter dans la poêle. La vue de mes yaourts lui répugnait. Au café, dans les repas de famille, il racontait ses menus, discutait avec d'autres des soupes maison et des potages en sachet, etc. Aux alentours de la soixantaine, tout le monde autour avait ce sujet de conversation.

Il satisfaisait ses envies. Un cervelas, un cornet de crevettes grises. L'espérance du bonheur, évanouie souvent dès les premières bouchées. En même temps, feignant toujours de ne rien désirer, «je vais manger une *demi*-tranche de jambon», «donnez-m'en un *demi*-verre», continuellement. Des manies, maintenant, comme défaire le papier des gauloises, mauvais au goût, et les renrouler dans du Zig-Zag avec précaution.

Le dimanche, ils faisaient un tour en voiture pour

ne pas *s'encroûter*, le long de la Seine, là où il avait travaillé autrefois, sur les jetées de Dieppe ou de Fécamp. Mains le long du corps, fermées, tournées vers l'extérieur, parfois jointes dans son dos. En se promenant, il n'a jamais su quoi faire de ses mains. Le soir, il attendait le souper en bâillant. « On est plus fatigué le dimanche que les autres jours. »

La politique, surtout, *comment ça va finir tout ça* (la guerre d'Algérie, putsch des généraux, attentats de l'O.A.S.), familiarité complice avec *le grand Charles*.

Je suis entrée comme élève-maîtresse à l'école normale de Rouen. J'y étais nourrie avec excès, blanchie, un homme à toutes mains réparait même les chaussures. Tout gratuitement. Il éprouvait une sorte de respect pour ce système de prise en charge absolue. L'État m'offrait d'emblée ma place dans le monde. Mon départ de l'école en cours d'année l'a désorienté. Il n'a pas compris que je quitte, pour une question de liberté, un endroit si sûr, où j'étais comme à l'engrais.

J'ai passé un long moment à Londres. Au loin, il devint certitude d'une tendresse abstraite. Je commençais à vivre pour moi seule. Ma mère m'écrivait un compte rendu du monde autour. Il fait froid par chez nous espérons que cela ne va pas durer. On est allés dimanche voir nos amis de Granville. La mère X est morte soixante ans ce n'est pas vieux. Elle ne savait pas plaisanter par écrit, dans une langue et avec des tournures qui lui donnaient déjà de la peine. Écrire comme elle parlait aurait été plus difficile encore, elle n'a jamais appris à le faire. Mon père signait. Je leur répondais aussi dans le ton du constat. Ils auraient ressenti toute recherche de style comme une manière de les tenir à distance.

Je suis revenue, repartie. À Rouen, je faisais une licence de lettres. Ils se houspillaient moins, juste les remarques acrimonieuses connues, «on va encore manquer d'Orangina par ta faute», «qu'est-ce que tu peux bien lui raconter au curé à être toujours pendue à l'église», par habitude. Il avait encore des projets pour que le commerce et la maison aient bonne apparence, mais de moins en moins la perception des bouleversements qu'il aurait fallu pour attirer une nouvelle clientèle. Se contentant de celle que les blanches alimentations du centre effarouchaient, avec ce coup d'œil des vendeuses regardant *comment vous êtes habillé*. Plus d'ambition. Il s'était résigné à ce que son commerce ne soit qu'une survivance qui disparaîtrait avec lui.

Décidé maintenant à *profiter un peu de l'existence*. Il se levait plus tard, après ma mère, travaillait doucement au café, au jardin, lisait le journal d'un bout à l'autre, tenait de longues conversations avec tout le monde. La mort, allusivement, sous forme de maximes, on sait bien ce qui nous attend. À chaque fois que je rentrais à la maison, ma mère: «Ton père, regarde-le, c'est un coq en pâte!»

À la fin de l'été, en septembre, il attrape des guêpes sur la vitre de la cuisine avec son mouchoir et il les jette sur la plaque à feu continu du poêle allumé

déjà. Elles meurent en se consumant avec des sou-
bresauts.

Ni inquiétude, ni jubilation, il a pris son parti de me
voir mener cette vie bizarre, irréelle : avoir vingt ans
et plus, toujours sur les bancs de l'école. « Elle étu-
die pour être professeur. » De quoi, les clients ne
demandaient pas, seul compte le titre, et il ne se sou-
venait jamais. « Lettres modernes » ne lui parlait pas
comme aurait pu le faire mathématiques ou espagnol.
Craignant qu'on ne me juge toujours trop privilégiée,
qu'on ne les imagine riches pour m'avoir ainsi poussée. Mais n'osant pas non plus avouer que j'étais
boursière, on aurait trouvé qu'ils avaient bien de la
chance que l'État me paie à ne rien faire de mes dix
doigts. Toujours cerné par l'envie et la jalousie, cela
peut-être de plus clair dans sa condition. Parfois,
je rentrais chez eux le dimanche matin après une
nuit blanche, je dormais jusqu'au soir. Pas un mot,
presque de l'approbation, une fille peut bien s'amuser
gentiment, comme une preuve que j'étais tout de
même normale. Ou bien une représentation idéale
du monde intellectuel et bourgeois, opaque. Quand
une fille d'ouvrier se mariait enceinte, tout le quartier
le savait.

Aux vacances d'été, j'invitais à Y... une ou deux
copines de fac, des filles *sans préjugés* qui affirmaient
« c'est le cœur qui compte ». Car, à la manière de
ceux qui veulent prévenir tout regard condescendant

sur leur famille, j'annonçais : « Tu sais chez moi c'est *simple*. » Mon père était heureux d'accueillir ces jeunes filles si bien élevées, leur parlait beaucoup, par souci de politesse évitant de laisser tomber la conversation, s'intéressant vivement à tout ce qui concernait mes amies. La composition des repas était source d'inquiétude, « est-ce que *mademoiselle* Geneviève aime les tomates ? ». Il se mettait en quatre. Quand la famille d'une de ces amies me recevait, j'étais admise à partager de façon naturelle un mode de vie que ma venue ne changeait pas. À entrer dans leur monde qui ne redoutait aucun regard étranger, et qui m'était ouvert parce que j'avais oublié les manières, les idées et les goûts du mien. En donnant un caractère de fête à ce qui, dans ces milieux, n'était qu'une visite banale, mon père voulait honorer mes amies et passer pour quelqu'un qui a du savoir-vivre. Il révélait surtout une infériorité qu'elles reconnaissaient malgré elles, en disant par exemple, « bonjour monsieur, comme ça va-*ti* ? ».

Un jour, avec un regard fier : « Je ne t'ai jamais fait honte. »

À la fin d'un été, j'ai *amené à la maison* un étudiant de sciences politiques avec qui j'étais liée. Rite solennel consacrant le droit d'entrer dans une famille, effacé dans les milieux modernes, aisés, où les copains entraient et sortaient librement. Pour recevoir ce jeune homme, il a mis une cravate, échangé ses bleus contre un pantalon du dimanche. Il exultait, sûr de pouvoir considérer mon futur mari comme son fils, d'avoir avec lui, par-delà les différences d'instruction, une connivence d'hommes. Il lui a montré son jardin, le garage qu'il avait construit seul, de ses mains. Offrande de ce qu'il savait faire, avec l'espoir que sa valeur serait reconnue de ce garçon qui aimait sa fille. À celui-ci, il suffisait d'être *bien élevé*, c'était la qualité que mes parents appréciaient le plus, elle leur apparaissait une conquête difficile. Ils n'ont pas cherché à savoir, comme ils l'auraient fait pour un ouvrier, s'il était courageux et ne buvait pas. Conviction profonde que le savoir et les bonnes manières étaient la marque d'une excellence intérieure, innée.

Quelque chose d'attendu depuis des années peut-être, un souci de moins. Sûr maintenant que je n'allais pas *prendre n'importe qui* ou devenir une *déséquilibrée*. Il a voulu que ses économies servent à aider le jeune ménage, désirant compenser par une générosité infinie l'écart de culture et de pouvoir qui le séparait de son gendre. «Nous, on n'a plus besoin de grand-chose.»

Au repas de mariage, dans un restaurant avec vue sur la Seine, il se tient la tête un peu en arrière, les deux mains sur sa serviette étalée sur les genoux et il sourit légèrement, dans le vague, comme tous les gens qui s'ennuient en attendant les plats. Ce sourire veut dire aussi que tout, ici, aujourd'hui, est très bien. Il porte un costume bleu à rayures, qu'il s'est fait faire sur mesures, une chemise blanche avec, pour la première fois, des boutons de manchette. Instantané de

la mémoire. J'avais tourné la tête de ce côté au milieu
de mes rires, certaine qu'il ne s'amusait pas.

Après, il ne nous a plus vus que de loin en loin.

On habitait une ville touristique des Alpes, où mon
mari avait un poste administratif. On tendait les murs
de toile de jute, on offrait du whisky à l'apéritif, on
écoutait le panorama de musique ancienne à la radio.
Trois mots de politesse à la concierge. J'ai glissé dans
cette moitié du monde pour laquelle l'autre n'est
qu'un décor. Ma mère écrivait, vous pourriez venir
vous reposer à la maison, n'osant pas dire de venir les
voir pour eux-mêmes. J'y allais seule, taisant les vraies
raisons de l'indifférence de leur gendre, raisons indi-
cibles, entre lui et moi, et que j'ai admises comme
allant de soi. Comment un homme né dans une bour-
geoisie à diplômes, constamment « ironique », aurait-
il pu se plaire en compagnie de *braves gens*, dont la
gentillesse, reconnue de lui, ne compenserait jamais à
ses yeux ce manque essentiel : une conversation spi-
rituelle. Dans sa famille, par exemple, si l'on cassait
un verre, quelqu'un s'écriait aussitôt, « n'y touchez
pas, il est brisé ! » (Vers de Sully Prud'homme).

C'est toujours elle qui m'attendait à la descente du
train de Paris, près de la barrière de sortie. Elle me
prenait de force ma valise, « elle est trop lourde pour
toi, tu n'as pas l'habitude ». Dans l'épicerie, il y avait

une personne ou deux, qu'il cessait de servir une seconde pour m'embrasser avec brusquerie. Je m'asseyais dans la cuisine, ils restaient debout, elle à côté de l'escalier, lui dans l'encadrement de la porte ouverte sur la salle de café. À cette heure-là, le soleil illuminait les tables, les verres du comptoir, un client parfois dans la coulée de lumière, à nous écouter. Au loin, j'avais épuré mes parents de leurs gestes et de leurs paroles, des corps glorieux. J'entendais à nouveau leur façon de dire « a » pour « elle », de parler fort. Je les retrouvais tels qu'ils avaient toujours été, sans cette « sobriété » de maintien, ce langage correct, qui me paraissaient maintenant naturels. Je me sentais séparée de moi-même.

Je sors de mon sac le cadeau que je lui apporte. Il le déballe avec plaisir. Un flacon d'after-shave. Gêne, rires, à quoi ça sert ? Puis, « je vais sentir la cocotte ! ». Mais il promet de s'en mettre. Scène ridicule du mauvais cadeau. Mon envie de pleurer comme autrefois « il ne changera donc jamais ! ».

On évoquait les gens du quartier, mariés, morts, partis de Y… Je décrivais l'appartement, le secrétaire Louis-Philippe, les fauteuils de velours rouge, la chaîne hi-fi. Très vite, il n'écoutait plus. Il m'avait élevée pour que je profite d'un luxe que lui-même ignorait, il était heureux, mais le Dunlopillo ou la commode ancienne n'avaient pas d'autre intérêt pour lui que de certifier ma réussite. Souvent, pour abréger : « Vous avez bien raison de profiter. »

Je ne restais jamais assez longtemps. Il me confiait une bouteille de cognac pour mon mari. « Mais oui, ce sera pour une autre fois. » Fierté de ne rien laisser paraître, *dans la poche avec le mouchoir par-dessus.*

Le premier supermarché est apparu à Y..., attirant la clientèle ouvrière de partout, on pouvait enfin faire ses courses sans rien demander à personne. Mais on dérangeait toujours le petit épicier du coin pour le paquet de café oublié en ville, le lait cru et les mala-bars avant d'aller à l'école. Il a commencé d'envisager la vente de leur commerce. Ils s'installeraient dans une maison adjacente qu'ils avaient dû acheter autre-fois en même temps que le fonds, deux pièces cui-sine, un cellier. Il emporterait du bon vin et des conserves. Il élèverait quelques poules pour les œufs frais. Ils viendraient nous voir en Haute-Savoie. Déjà, il avait la satisfaction d'avoir droit, à soixante-cinq ans, à la sécurité sociale. Quand il revenait de la phar-macie, il s'asseyait à la table et collait les vignettes avec bonheur.

Il aimait de plus en plus la vie.

Plusieurs mois se sont passés depuis le moment où j'ai commencé ce récit, en novembre. J'ai mis beau-coup de temps parce qu'il ne m'était pas aussi facile de ramener au jour des faits oubliés que d'inventer. La mémoire résiste. Je ne pouvais pas compter sur la réminiscence, dans le grincement de la sonnette d'un vieux magasin, l'odeur de melon trop mûr, je ne retrouve que moi-même, et mes étés de vacances, à Y... La couleur du ciel, les reflets des peupliers dans l'Oise toute proche, n'avaient rien à m'apprendre. C'est dans la manière dont les gens s'assoient et s'ennuient dans les salles d'attente, interpellent leurs enfants, font au revoir sur les quais de gare que j'ai cherché la figure de mon père. J'ai retrouvé dans des êtres anonymes rencontrés n'importe où, porteurs à leur insu des signes de force ou d'humiliation, la réalité oubliée de sa condition.

Il n'y a pas eu de printemps, j'avais l'impression d'être enfermée dans un temps invariable depuis novembre, frais et pluvieux, à peine plus froid au cœur de l'hiver. Je ne pensais pas à la fin de mon livre. Maintenant je sais qu'elle approche. La chaleur est arrivée début juin. À l'odeur du matin, on est sûr qu'il fera beau. Bientôt je n'aurai plus rien à écrire. Je voudrais retarder les dernières pages, qu'elles soient toujours devant moi. Mais il n'est même plus possible de revenir trop loin en arrière, de retoucher ou d'ajouter des faits, ni même de me demander où était le bonheur. Je vais prendre un train matinal et je n'arriverai que dans la soirée, comme d'habitude. Cette fois je leur amène leur petit-fils de deux ans et demi.

Ma mère attendait à la barrière de sortie, sa jaquette de tailleur enfilée par-dessus sa blouse blanche et un foulard sur ses cheveux qu'elle ne teint plus depuis mon mariage. L'enfant, muet de fatigue et

perdu, au bout de ce voyage interminable, s'est laissé
embrasser et entraîner par la main. La chaleur était
légèrement tombée. Ma mère marche toujours à pas
courts et rapides. D'un seul coup, elle ralentissait en
criant, « il y a des petites jambes avec nous, mais
voyons ! ». Mon père nous attendait dans la cuisine. Il
ne m'a pas paru vieilli. Ma mère a fait remarquer qu'il
était allé la veille chez le coiffeur pour faire honneur
à son petit garçon. Une scène brouillonne, avec des
exclamations, des questions à l'enfant sans attendre
la réponse, des reproches entre eux, de fatiguer ce
pauvre petit bonhomme, le plaisir enfin. Ils ont cherché *de quel côté il était*. Ma mère l'a emmené devant
les bocaux de bonbons. Mon père, au jardin voir les
fraises, puis les lapins et les canards. Ils s'emparaient
complètement de leur petit-fils, décidant de tout à
son propos, comme si j'étais restée une petite fille
incapable de s'occuper d'un enfant. Accueillant avec
doute les principes d'éducation que je croyais néces-
saires, faire la sieste et pas de sucreries. On mangeait
tous les quatre à la table contre la fenêtre, l'enfant
sur mes genoux. Un beau soir calme, un moment qui
ressemblait à un rachat.

Mon ancienne chambre avait conservé la chaleur
du jour. Ils avaient installé un petit lit à côté du mien
pour le petit bonhomme. Je n'ai pas dormi avant deux
heures, après avoir essayé de lire. À peine branché, le
fil de la lampe de chevet a noirci, avec des étincelles,
l'ampoule s'est éteinte. Une lampe en forme de boule
posée sur un socle de marbre avec un lapin de cuivre
droit, les pattes repliées. Je l'avais trouvée très belle
autrefois. Elle devait être abîmée depuis longtemps.

On n'a jamais rien fait réparer à la maison, indifférence aux choses.

Maintenant, c'est un autre temps.

Je me suis réveillée tard. Dans la chambre voisine,
ma mère parlait doucement à mon père. Elle m'a
expliqué qu'il avait vomi à l'aube sans même avoir pu
attendre de parvenir au seau de toilette. Elle supposait une indigestion avec des restes de volaille, la veille
au midi. Il s'inquiétait surtout de savoir si elle avait
nettoyé le sol et se plaignait d'avoir mal quelque part
dans la poitrine. Sa voix m'a semblé changée. Quand
le petit bonhomme s'est approché de lui, il n'en a pas
fait cas, restant sans bouger, à plat dos.

Le docteur est monté directement à la chambre.
Ma mère était en train de servir. Elle l'a rejoint
ensuite et ils sont redescendus tous les deux dans la
cuisine. Au bas de l'escalier, le docteur a chuchoté
qu'il fallait le transporter à l'Hôtel-Dieu de Rouen.
Ma mère s'est défaite. Depuis le début, elle me disait
« il veut toujours manger ce qui ne lui réussit pas », et
à mon père, en lui apportant de l'eau minérale, « tu
le sais pourtant bien que tu es délicat du ventre ».
Elle froissait la serviette de table propre qui avait
servi à l'auscultation, n'ayant pas l'air de comprendre,
refusant la gravité d'un mal que nous n'avions pas,
tout d'abord, vu. Le docteur s'est repris, on pouvait
attendre ce soir pour décider, ce n'était peut-être
qu'un coup de chaleur.

Je suis allée chercher les médicaments. La journée

s'annonçait lourde. Le pharmacien m'a reconnue. À peine plus de voitures dans les rues qu'à ma dernière visite l'année d'avant. Tout était trop pareil ici pour moi depuis l'enfance pour que j'imagine mon père vraiment malade. J'ai acheté des légumes pour une ratatouille. Des clients se sont inquiétés de ne pas voir le patron, qu'il ne soit pas encore levé par ce beau temps. Ils trouvaient des explications simples à son malaise, avec comme preuves leurs propres sensations, «hier il faisait au moins 40 degrés dans les jardins, je serais tombé si j'y étais resté comme lui», ou, «avec cette chaleur on n'est pas bien, je n'ai rien mangé hier». Comme ma mère, ils avaient l'air de penser que mon père était malade pour avoir voulu désobéir à la nature et faire le jeune homme, il recevait sa punition mais il ne faudrait pas recommencer.

En passant près du lit, à l'heure de sa sieste, l'enfant a demandé : «Pourquoi il fait dodo, le monsieur ? »

Ma mère montait toujours entre deux clients. À chaque coup de sonnette, je lui criais d'en bas comme autrefois «il y a du monde ! » pour qu'elle descende servir. Il ne prenait que de l'eau, mais son état ne s'aggravait pas. Le soir, le docteur n'a plus reparlé d'hôpital.

Le lendemain, à chaque fois que ma mère ou moi lui demandions comment il se sentait, il soupirait avec colère ou se plaignait de n'avoir pas mangé depuis deux jours. Le docteur n'avait pas plaisanté une seule fois, à son habitude, en disant : «C'est un pet de travers. » Il me semble qu'en le voyant descendre, j'ai constamment attendu cela ou n'importe quelle autre boutade. Le soir, ma mère, les yeux baissés, a murmuré «je ne sais pas ce que ça va faire». Elle n'avait pas encore évoqué la mort possible de mon père. Depuis la veille, on prenait nos repas ensemble, on s'occupait de l'enfant, sans parler de sa maladie entre nous deux. J'ai répondu «on va voir». Vers l'âge de dix-huit ans, je l'ai parfois entendue me jeter, «s'il t'arrive un *malheur*... tu sais ce qu'il te reste à faire». Il n'était pas nécessaire de préciser quel malheur, sachant bien l'une et l'autre de quoi il s'agissait sans avoir jamais prononcé le mot, tomber enceinte.

Dans la nuit de vendredi à samedi, la respiration de mon père est devenue profonde et déchirée. Puis un bouillonnement très fort, distinct de la respiration, continu, s'est fait entendre. C'était horrible parce qu'on ne savait pas si cela venait des poumons ou des intestins, comme si tout l'intérieur communiquait. Le docteur lui a fait une piqûre de calmants. Il s'est apaisé. Dans l'après-midi, j'ai rangé du linge repassé dans l'armoire. Par curiosité, j'ai sorti une pièce de coutil rose, la dépliant au bord du lit. Il s'est alors soulevé pour me regarder faire, me disant de sa voix nouvelle : « C'est pour retapisser ton matelas, ta mère a déjà refait celui-là. » Il a tiré sur la couverture de façon à me montrer le matelas. C'était la première fois depuis le début de son attaque qu'il s'intéressait à quelque chose autour de lui. En me rappelant ce moment, je crois que rien n'est encore perdu, mais ce sont des paroles pour montrer qu'il n'est pas très malade, alors que justement cet effort pour se raccrocher au monde signifie qu'il s'en éloignait.

Par la suite, il ne m'a plus parlé. Il avait toute sa

conscience, se tournant pour les piqûres lorsque la sœur arrivait, répondant oui ou non aux questions de ma mère, s'il avait mal, ou soif. De temps en temps, il protestait, comme si la clef de la guérison était là, refusée par on ne sait qui, « si je pouvais manger, au moins ». Il ne calculait plus depuis combien de jours il était à jeun. Ma mère répétait « un peu de diète ne fait pas de mal ». L'enfant jouait dans le jardin. Je le surveillais en essayant de lire *Les Mandarins* de Simone de Beauvoir. Je n'entrais pas dans ma lecture, à une certaine page de ce livre, épais, mon père ne vivrait plus. Les clients demandaient toujours des nouvelles. Ils auraient voulu savoir ce qu'il avait exactement, un infarctus ou une insolation, les réponses vagues de ma mère suscitaient de l'incrédulité, ils pensaient qu'on voulait leur cacher quelque chose. Pour nous, le nom n'avait plus d'importance.

Le dimanche matin, un marmottement chantant, entrecoupé de silences, m'a éveillée. L'extrême-onction du catéchisme. La chose la plus obscène qui soit, je me suis enfoncé la tête dans l'oreiller. Ma mère avait dû se lever tôt pour obtenir l'archiprêtre au sortir de sa première messe.

Plus tard, je suis montée près de lui à un moment où ma mère servait. Je l'ai trouvé assis au bord du lit, la tête penchée, fixant désespérément la chaise à côté du lit. Il tenait son verre vide au bout de son bras tendu. Sa main tremblait avec violence. Je n'ai pas compris tout de suite qu'il voulait reposer le verre sur la chaise. Pendant des secondes interminables, j'ai regardé la main. Son air de désespoir. Enfin, j'ai pris le verre et je l'ai recouché, ramenant ses jambes sur le lit. «Je peux faire cela» ou «Je suis donc bien grande que je fais cela». J'ai osé le regarder vraiment. Sa figure n'offrait plus qu'un rapport lointain avec celle qu'il avait toujours eue pour moi. Autour du dentier — il avait refusé de l'enlever — ses lèvres se retroussaient au-dessus des gencives. Devenu un de ces vieillards alités de l'hospice devant les lits desquels la directrice de l'école religieuse nous faisait brailler des Noëls. Pourtant, même dans cet état, il me semblait qu'il pouvait vivre encore longtemps.

À midi et demi, j'ai couché l'enfant. Il n'avait pas sommeil et sautait sur son lit à ressorts de toutes ses forces. Mon père respirait difficilement, les yeux grands ouverts. Ma mère a fermé le café et l'épicerie, comme tous les dimanches, vers une heure. Elle est remontée près de lui. Pendant que je faisais la vaisselle, mon oncle et ma tante sont arrivés. Après avoir vu mon père, ils se sont installés dans la cuisine. Je leur ai servi du café. J'ai entendu ma mère marcher lentement au-dessus, commencer à descendre. J'ai cru, malgré son pas lent, inhabituel, qu'elle venait boire son café. Juste au tournant de l'escalier, elle a dit doucement: «C'est fini.»

Le commerce n'existe plus. C'est une maison particulière, avec des rideaux de tergal aux anciennes devantures. Le fonds s'est éteint avec le départ de ma mère qui vit dans un studio à proximité du centre. Elle a fait poser un beau monument de marbre sur la tombe. A... D... 1899-1967. Sobre, et ne demande pas d'entretien.

J'ai fini de mettre au jour l'héritage que j'ai dû déposer au seuil du monde bourgeois et cultivé quand j'y suis entrée.

Un dimanche après la messe, j'avais douze ans, avec mon père j'ai monté le grand escalier de la mairie. On a cherché la porte de la bibliothèque municipale. Jamais nous n'y étions allés. Je m'en faisais une fête. On n'entendait aucun bruit derrière la porte. Mon père l'a poussée, toutefois. C'était silencieux, plus encore qu'à l'église, le parquet craquait et surtout cette odeur étrange, vieille. Deux hommes nous regardaient venir depuis un comptoir très haut barrant l'accès aux rayons. Mon père m'a laissé demander : « On voudrait emprunter des livres. » L'un des hommes aussitôt : « Qu'est-ce que vous voulez comme livres ? » À la maison, on n'avait pas pensé qu'il fallait savoir d'avance ce qu'on voulait, être capable de citer des titres aussi facilement que des marques de biscuits. On a choisi à notre place, *Colomba* pour moi, un roman *léger* de Maupassant pour mon père. Nous ne sommes pas retournés à la bibliothèque. C'est ma mère qui a dû rendre les livres, peut-être, avec du retard.

Il me conduisait de la maison à l'école sur son vélo. Passeur entre deux rives, sous la pluie et le soleil.

Peut-être sa plus grande fierté, ou même, la justification de son existence : que j'appartienne au monde qui l'avait dédaigné.

Il chantait : *C'est l'aviron qui nous mène en rond.*

Je me souviens d'un titre *L'Expérience des limites*. Mon découragement en lisant le début, il n'y était question que de métaphysique et de littérature.

Tout le temps que j'ai écrit, je corrigeais aussi des devoirs, je fournissais des modèles de dissertation, parce que je suis payée pour cela. Ce jeu des idées me causait la même impression que le *luxe*, sentiment d'irréalité, envie de pleurer.

Au mois d'octobre l'année dernière, j'ai reconnu, dans la caissière de la file où j'attendais avec mon caddie, une ancienne élève. C'est-à-dire que je me suis souvenue qu'elle avait été mon élève cinq ou six ans plus tôt. Je ne savais plus son nom, ni dans quelle classe je l'avais eue. Pour dire quelque chose, quand mon tour est arrivé, je lui ai demandé : « Vous allez bien ? Vous vous plaisez ici ? » Elle a répondu oui oui. Puis après avoir enregistré des boîtes de conserve et des boissons, avec gêne : « Le C.E.T., ça n'a pas marché. » Elle semblait penser que j'avais encore en mémoire son orientation. Mais j'avais oublié pourquoi elle avait été envoyée en C.E.T., et dans quelle branche. Je lui ai dit « au revoir ». Elle prenait déjà les courses suivantes de la main gauche et tapait sans regarder de la main droite.

novembre 1982 - juin 1983

De la photographie

au texte

Olivier Tomasini

De la photographie
au texte

Le Couloir, Olette
de Claude Batho

… Photographe de l'intime…

Les photos de Claude Batho sont des moments de
vie, de poésie, qui nous font entrer dans la contem-
plation d'un quotidien transfiguré par la lumière.
Claude Batho photographie son entourage (ses
enfants et sa maison), mais sort du champ de
la pure autobiographie par une composition poétique : « Mes photographies sont trop proches, trop
intérieures pour qu'avec elles je puisse prendre de
la distance. Elles sont remplies du temps qui passe,
sur les enfants, les gens et les choses. J'ai voulu
rendre sensible des instants très simples, en retenir
les silences. »

Après des études d'arts appliqués et de photographie, elle devient photographe en 1957 à la Bibliothèque nationale de Paris. Elle y rencontre John
Batho, restaurateur d'art qui deviendra, par la suite,
lui-même photographe et avec lequel elle se marie. Sa
personnalité artistique s'affirme à la fin des années
1960. Elle poursuit ses recherches esthétiques tout
en continuant à travailler et à s'occuper de sa famille.
La délicatesse de la lumière et le velouté de ses
ombres rendent poétique son univers que révèle *Le*

Moment des choses, album publié en 1977 aux Éditions des femmes. Elle meurt en 1981 à l'âge de qua-
rante-six ans. En 1982, le musée d'Art moderne de
la Ville de Paris lui consacre une rétrospective.

Photographe de l'intime, Claude Batho enregistre
des impressions fugitives, principalement en noir et
blanc. Elle capte notamment l'interrogation conte-
nue dans le regard des enfants, comme le montre
bien cette photographie prise en 1970 et intitulée *Le
couloir, Olette*. L'artiste photographie ce qui l'entoure
sans fioriture, presque banalement : son appartement, les préparatifs d'un repas, une bouilloire sur
le gaz, une casserole sur une nappe à motifs, un torchon en boule, un tricot oublié… les témoins, qu'ils
soient animés ou non, d'une vie simple dans laquelle
la plupart d'entre nous peuvent se reconnaître. Ses
prises de vue présentent un quotidien modeste, sans
sophistication mais non sans histoire.

*… une extraordinaire simplicité des objets à photo-
graphier et une considérable complexité du sens…*

Dans l'ouvrage *Claude Batho, photographe* paru aux
Éditions des femmes en 1982, John Batho commente
ainsi l'évolution artistique de sa femme : « À partir
de fin 1979 naissent des photographies qui mettent
au jour tout ce qu'elle portait en elle, acquis au
cours des dernières années. Elles expriment ce
potentiel jusqu'alors enfoui dans sa mémoire et qui
prend réellement toute sa force, sa dimension. Son
travail devient plus réflexif. […] Elle a photographié des amis chez eux, puis elle a photographié
la manière dont elle travaillait, chez elle. Elle s'est

aperçue que cet acte initial, qu'elle connaissait pourtant bien, possédait pour elle, à ce moment-là, quelque chose de beaucoup plus conséquent. Il s'inscrivait dans une réflexion plus large, plus importante. Je me souviens de sa surprise, au fur et à mesure que sa photographie devenait encore plus efficace, sa vision plus absurde, l'espace plus libre, plus vaste peut-être. [...] Par contre, ce qui est absolument constant c'est la qualité de la lumière, son épaisseur, sa simplicité. Ses paysages en particulier sont illuminés de l'intérieur. La lumière semble surgir de la profondeur, de l'épaisseur du feuillage ou de la brume. Ils sont à la fois très simples et très complexes. Ils expriment bien la contradiction de son travail : il y a à la fois une extraordinaire simplicité des choses et des objets à photographier et pourtant une considérable complexité du sens. Il y a différents niveaux de lecture possibles. Ses photographies sont des cris silencieux. Qui peut imaginer cela ? »

Cet univers photographique profond et quelquefois douloureux semble très proche de l'écriture d'Annie Ernaux. Dans *La place*, le père de l'écrivain vient de mourir. Par la suite, celle-ci annonce qu'elle commence à rédiger l'histoire dont son père est le personnage principal. Pour rendre compte d'« une vie soumise à la nécessité », elle souhaite ne pas prendre le parti de l'art ni ne cherche à faire quelque chose de passionnant ou d'émouvant. Aussi tente-t-elle de rassembler les faits marquants de la vie de son père, tous les signes objectifs d'une existence « que j'ai partagée », finit-elle par écrire. Elle exclut toute « poésie du souvenir », toute « dérision jubilante » qui pourrait naître de son récit. Elle écrit pla-

tement, pourrait-on dire, comme pour exprimer
« des nouvelles essentielles ».

L'acte même d'écrire participe de la construction
du livre. Au cours de la narration, Annie Ernaux
nous fait part de la difficulté qu'elle éprouve à le
rédiger. Cette analyse sur l'œuvre en cours se
retrouve chez Claude Batho : certains de ses clichés
montrent des tirages en train de sécher dans sa salle
de bains. Respectivement, pour chacune d'entre
elles, la pratique artistique et l'autobiographie nour-
rissent leur production.

… hésitante à vouloir entrer dans le champ…

Que nous dit cette image ? À droite, une fillette.
Contrairement à la plupart des cadrages réalisés par
des amateurs, elle ne se trouve pas au centre de
l'image comme on apprend que doit l'être le sujet
principal. Elle se tient de plain-pied derrière le
chambranle d'une porte. Elle n'est pas vraiment
cachée, on la sent plutôt hésitante à vouloir entrer
dans le champ, à prendre sa place au cœur de
l'image, à passer le cap… à passer de l'autre côté du
miroir. Elle se tient là, un peu comme Alice au pays
des merveilles. Elle se laisse voir comme à la déro-
bée, sans oser imposer la totalité de son corps,
effrayée par le nouveau monde qui l'attend. Annie
Ernaux partage avec cette petite fille le fait d'être
entre deux mondes. D'une part le monde des idées,
du concept, un monde cultivé et aisé qu'elle s'est
choisi : « On me demandait d'abord mes goûts, le
jazz ou la musique classique, Tati ou René Clair, cela
suffisait à me faire comprendre que j'étais passée

dans un autre monde » ; et d'autre part le milieu
dans lequel elle est née et qui est, à ses yeux, incarné
par son père : un univers âpre, rural puis ouvrier.
« Mes phrases disent les limites et la couleur du
monde où vécut mon père, où j'ai vécu aussi. Et l'on
n'y prenait jamais un mot pour un autre. » On imagine ce monde sans couleur, en noir et blanc, jouant
sur les contrastes comme les photos de Claude
Batho.

La petite fille regarde aussi celui qui l'observe
depuis son objectif. De l'autre côté de la porte, quelqu'un l'attendrait-il ? Le roman d'Annie Ernaux est
une tentative de rejoindre son père qui vient de
mourir, de se réconcilier avec celui qui est passé
de l'autre côté dans tous les sens du mot : celui qui
est mort et celui qui est resté dans sa classe sociale.
Le livre commence en épitaphe par une citation de
Jean Genet, qui l'éclaire : « Je hasarde une explication : écrire c'est le dernier recours quand on a
trahi. » À travers l'écriture, Annie Ernaux cherche
à se pardonner à elle-même et à obtenir le pardon
de son père. Victime consentante de la pression
sociale exercée sur elle par l'école, elle trahit son
milieu : « L'univers pour moi s'est retourné. » Ce
reniement est source de remords. Elle souhaite, sans
le célébrer, comprendre — au sens de « prendre
avec elle » — ce milieu populaire dont elle est issue.
Elle veut comprendre son père et l'aimer pour ce
qu'il est.

La photographie de Claude Batho traduit cette
ouverture à l'autre : la porte sert de passage vers
un espace distinct du sien tout en symbolisant un
obstacle, simplement pressenti (la porte, elle-même,
n'existe pas). La limite est signalée par un lieu

occupé par quelqu'un de différent que nous ne voyons pas et qui fixe la scène de son regard. C'est l'acte photographique qui fige la fillette dans le couloir, espace de dégagement et de transition. De façon analogique, ce sont les mots, ces « outils », équivalents en littérature de l'appareil de photographie de Claude Batho, qui rendent difficile la relation avec le père. Plus Annie Ernaux grandit et réussit à l'école, plus son père se sent humilié. Les difficultés de langage empêchent la communication familiale de perdurer : son père se refuse à employer un vocabulaire qui n'est pas le sien. Si la maîtrise de la langue est à l'origine du fossé qui sépare au fur et à mesure la fille de son père, paradoxalement ce sont les mots qui vont permettre, *post mortem*, à l'écrivain et à son père de se rejoindre. Il en va de même dans cette prise de vue dans laquelle la fillette s'arrête de façon à ne pas apparaître plein cadre et reste sur le pas de la porte comme pétrifiée. Elle n'entre pas dans le lieu investi par le photographe, mais, captée par l'appareil, elle se retrouve malgré tout dans un échange qui s'établit de fait entre le chasseur d'image et son modèle. Elle pénètre dans son univers artistique.

… un travail d'ascèse qui tient au dépouillement…

Le style photographique de Claude Batho pourrait être qualifié de plat. Il n'est pas à proprement parler objectif. Il n'a pas la rigueur formelle des portraits sans concession de Walker Evans ou encore le purisme d'Emmanuel Sougez lorsqu'il photographie une pile de serviettes impeccablement repassées. C'est épuré, certes, mais parce que le sujet lui-même l'est et le contexte choisi l'est également, par sa simplicité. C'est une photographie plus réaliste qu'objective. En effet, elle ne s'attache pas fondamentalement à l'objet comme pure forme spatiale, en tant que structure et matière. En revanche, elle révèle la vie et son instantanéité, point de vue qui implique un jugement et une sélection de faits fixés dans leur apparence essentielle. Le travail stylistique de Claude Batho rejoint en cela celui d'Annie Ernaux. Ainsi l'écrivain, pour parvenir à la plus grande authenticité possible, élimine la recherche du pittoresque artistique, de la caricature ou de la poésie. Son écriture, revendiquée comme plate, résulte souvent d'une description photographique ou d'une image mentale, «instantané de la mémoire» qui dépeint sans passion un quotidien banal. Son affirmation «je n'ai pas le droit de prendre d'abord le parti de l'art» est à relativiser à la lumière du travail de Batho. La photographe ne recherche pas le beau dans l'acception bourgeoise du mot : il ne s'agit pas de montrer du lisse, du luxe, du calme et de la volupté ni de tomber dans la sentimentalité culpabilisante d'une image touchante à force d'effets. C'est un travail d'ascèse qui tient au dépouillement, au dévoilement des choses et des êtres. «Je rassemblerai… tous les signes objectifs d'une existence que j'ai aussi partagée.» Intégrés au décor, les objets de notre vie quotidienne que l'on retrouve dans nos photographies d'amateur constituent les traces de notre existence. Ils informent sur le contexte et, parfois, nous conditionnent. La réalité de ses objets est à certains moments si forte qu'elle nous ôte tout sentiment de vie intérieure. Le père d'Annie Ernaux semble parfois n'être doté d'aucune vie intérieure, mais être le jouet d'un contexte, d'un cadre, de choses sur lesquels il n'a pas de prise, et qui mangent sa vie.

... La vie est sûrement ailleurs, de l'autre côté de l'image, de l'autre côté du couloir, à côté du père...

Dans la photographie *Le Couloir, Olette*, l'espace est occupé dans sa plus grande partie par trois balais qui deviennent les éléments principaux de la composition. Le balai est la représentation même de la vie domestique : instrument du social, il aliène la femme en la réduisant à des tâches subalternes. Dans les intérieurs bourgeois, on les cache dans un placard. Le placard à balais est le plus honteux des placards : le plus sombre, le plus poussiéreux bien sûr et, qui plus est, des sorcières peuvent s'y cacher. C'est aussi un symbole phallique que les sorcières, êtres maléfiques, enfourchent pour voyager la nuit. Olette, la petite fille, est mise hors champ par les balais. Les sorcières lui ont-elles jeté un sort ? Sa vie sera-t-elle réduite à la domesticité ? Rejoindra-t-elle son père par-delà le couloir ? La corde à sauter, autre symbole fort qui traduit l'attachement à l'enfance, renforce encore l'aliénation d'Olette à son passé. La fillette est soumise à un choix cornélien. Le fond de l'image est lui-même coupé en deux tout comme Olette : en haut un fond blanc sur lequel apparaît un tableau, en bas dans des proportions identiques un fond noir contre lequel reposent les balais. Choisir les balais ou le tableau ? Une vie modeste ou la promotion sociale par l'art ? Noir ou blanc ? Le

choix serait-il dans la ligne médiane ? La vie est sûrement ailleurs, de l'autre côté de l'image, de l'autre
côté du couloir, à côté du père.

Mais d'ailleurs comment est ce père ? Dans son
livre, Annie Ernaux, pour « révéler la trame significative d'une vie dans un ensemble de faits », ne
donne de son père qu'une épure, se bornant à la
description de ses vêtements. Là encore, Claude
Batho rejoint l'écrivain. Itzhak Golberg, dans un
entretien de Denis Maréchal intitulé « La disparition
des visages », fait référence au travail de Claude
Batho : « Peut-on croire encore à cette fonction
commémorative du portrait monument, le "portrait-
mortrait" ? » Le visage s'efface, comme s'effacera la
mémoire du cher disparu. Le leurre de la continuité
garantie par le portrait qui fige le temps est fort bien
exprimé par une photographie de Claude Batho,
Portrait de mon père jeune, 1980, où le visage d'un
jeune homme est pratiquement couvert par un reflet.
À propos d'Annie Ernaux, on pourrait dire que son
père se cache et se révèle tout entier dans son œuvre.

*… un caractère de recueillement et de mystère que l'on
peut ressentir face à une tombe…*

Revenons à l'image, et plus précisément au tableau
accroché dans le couloir d'Olette. C'est une œuvre
dans l'œuvre photographique de Claude Batho. Elle
représente une composition des plus banales : une
nature morte avec un moulin à café, un bol, des
fruits, une théière. Tout comme la photographie,
elle est composée de deux plans horizontaux — un
blanc et un noir — qui font écho à la composition

d'ensemble : alors que nous regardons cette image, la réalité se métamorphose en œuvre d'art. Le même processus est à l'œuvre lorsque Annie Ernaux, en cours de rédaction, tente d'objectiver son expérience personnelle pour écrire ce livre.

Dans la photographie du *Couloir*, nous pouvons également observer l'omniprésence de dessins de croix composés par la ligne horizontale du mur et par les verticales amenées par les balais et la corde à sauter, dessins repris encore par le motif du carrelage. Ce signe religieux apporte imperceptiblement à l'image un caractère de recueillement et de mystère que l'on peut ressentir face à une tombe. Cette atmosphère renvoie, là encore, à *La place* dont la création est intimement liée à la mort du père.

Intituler une œuvre, c'est essayer d'en évoquer l'essentiel. Ce titre de *La place* m'est resté longtemps étranger. Je l'oubliais, je ne parvenais plus à me le rappeler, trop vague, trop impersonnel peut-être. Bien sûr, on le comprend à plusieurs niveaux : c'est la place du père, en tant que père et aussi en tant qu'individu social ; inversement, c'est la place de la fille par rapport au père et sa place dans la société. C'est encore la place du père dans l'œuvre de sa fille. C'est la place que sa fille lui fait dans son œuvre. La place qu'il occupe aussi dans son cœur.

Ce n'est finalement qu'en découvrant cette fabuleuse image de Claude Batho, intitulée *Le Couloir, Olette* et non pas *Olette dans le couloir*, que tout s'est mis en place comme si Olette s'était appelée Annie ou Claude. J'espère qu'elle vous éclairera comme je l'ai été.

Le texte

en perspective

Pierre-Louis Fort

Courant littéraire

Le social au miroir
de la littérature

EN 2001, À L'OCCASION d'un colloque organisé à Cerisy autour de l'œuvre du sociologue Pierre Bourdieu, Annie Ernaux participe à une table ronde intitulée «Roman et science sociale». Au cours de son intervention, elle explique que son désir d'écrire ne fut pas sans lien avec sa «trajectoire de transfuge qui s'ignore, n'a pas élucidé les raisons de sa souffrance sociale». Issue d'un milieu modeste «mi-prolétaire, mi-paysan», Annie Ernaux est effectivement passée dans un univers radicalement différent, défini dans *La place* comme étant le «monde bourgeois et cultivé».

Loin de n'être que satisfaction et joie, cette ascension sociale a longtemps été pour l'auteure la source d'un douloureux malaise et ses textes en portent la trace, quand ils n'en sont pas l'expression. Alors qu'elle avait à peine plus de vingt ans, elle écrivait déjà, dans un de ses carnets intimes, cette phrase violemment révélatrice qui liait écriture et question sociale : «J'écrirai pour venger ma race.»

1.

L'inscription dans une tradition littéraire

Nombreux sont les écrivains qui ont mis cette question sociale au centre de leurs textes. Les romans du XIXᵉ siècle, par exemple, jouent souvent sur les données de la réalité socio-historique : Eugène Sue (*Les Mystères de Paris*, 1842-1843) souhaitait peindre « les douleurs, les privations, les droits et les espérances des travailleurs », tandis que Victor Hugo parlait d'« asphyxie sociale » et composait *Les Misérables* (1862). Dans un autre genre, Stendhal écrit dans *Le Rouge et le Noir* (1830) que « le roman est un miroir qu'on promène le long d'un chemin ». Le texte même porte les traces de l'histoire et de la société de son temps, notamment lorsque Julien, devant ses juges, évoque son « crime » : appartenir à « cette classe de jeunes gens qui, nés dans une classe inférieure et en quelque sorte opprimés par la pauvreté, ont le bonheur de se procurer une bonne éducation, et l'audace de se mêler à ce que l'orgueil des gens riches appelle la société ». On pourrait également citer, pour illustrer à quel point le romanesque et le social ont partie liée, les aventures de Rémi dans *Sans famille* (1878) d'Hector Malot, la trilogie de Jules Vallès (*L'Enfant*, 1878, *Le Bachelier*, 1881, *L'Insurgé*, 1886), sans oublier bien sûr la typologie sociologico-historique établie par Honoré de Balzac dans *La Comédie humaine* ni *Les Rougon-Macquart* d'Émile Zola avec des romans comme *L'Assommoir* (1877), œuvre à laquelle Annie Ernaux fait d'ailleurs allusion dans *La place*.

Ce tissage intime du roman et des interrogations sociologiques ne s'arrête certes pas au XIXe siècle. Au XXe siècle, non seulement les textes continuent à faire de l'aspect social un de leurs enjeux (*Antoine Bloyé* (1933) de Paul Nizan en est un exemple emblématique), mais plusieurs courants critiques se développent, qui s'appuient sur les outils de la sociologie pour analyser les œuvres.

Annie Ernaux s'ancre donc dans une longue tradition d'insertion du social dans la littérature. Mais *La place*, prix Renaudot en 1984, innove et renouvelle l'appréhension littéraire de ce thème, en abordant avec force et brio la problématique de la mobilité sociale.

2.

Écrire la mobilité sociale

1. *Les « couches sociales dominées »*

Dans *Le Monde* du 5 février 2002, Annie Ernaux rend hommage à Pierre Bourdieu, décédé quelques semaines auparavant, en écrivant :

> Pour peu qu'on soit issu soi-même des couches sociales dominées, l'accord intellectuel qu'on donne aux analyses rigoureuses de Bourdieu se double du sentiment de l'évidence vécue, de la véracité de la théorie en quelque sorte garantie par l'expérience : on ne peut, par exemple, refuser la réalité de la violence symbolique lorsque, soi et ses proches, on l'a subie.

Cette « violence symbolique », cette « réalité objective des rapports sociaux » qui se traduit en termes de « dominants » et « dominés » se retrouve dans les textes d'écrivains qui, tout comme Annie Ernaux, l'ont éprouvée. De fait, la mobilité sociale (c'est-à-dire le fait de changer de classe sociale), vécue de l'intérieur — et non vue de façon extérieure dans des univers romancés —, habite de nombreux textes d'auteurs du XXᵉ siècle qui, à divers degrés, s'en servent comme matériau littéraire.

Un des textes les plus proches de celui d'Annie Ernaux, dans sa saisie douloureuse de la mobilité sociale, est peut-être celui de Jean Guéhenno (1890-1978) *Changer la vie* (1961), dont le titre ambitieux est expliqué dans l'épigraphe où sont donnés des exemples d'hommes ayant eu cette volonté : « *Changer la vie…* Karl Marx, Arthur Rimbaud, tant d'autres. » Ce texte autobiographique raconte l'ascension sociale de son auteur, fils d'un cordonnier, qui va peu à peu quitter son milieu d'origine pour devenir professeur et critique. Le couronnement ultime de cette réussite intellectuelle est vraisemblablement son élection à l'Académie française en 1962.

Même si les différences aussi bien stylistiques que temporelles ou esthétiques avec *La place* sont marquées, il n'en est pas moins intéressant de voir que les deux œuvres entrent intimement en résonance. Jean Guéhenno, par exemple, évoque un sentiment de trahison similaire à celui éprouvé par Annie Ernaux :

> Il me faut donc m'arranger avec ce dernier homme que je suis devenu, ce chercheur de sagesse, cet homme de livres, assis dans un fauteuil. Je doute d'y parvenir tout à fait. S'il faut le dire, je sens souvent la sourde inquiétude d'une sorte de trahison. Il y a si loin du monde où je suis né au monde où je vis désormais.

Plus loin dans le texte, il évoque sa gêne par rapport à sa mère qui peut faire penser à l'attitude d'Annie Ernaux lorsque, par exemple, elle prévient ses camarades, avant de les recevoir, que c'est « *simple* » chez elle :

> Et un peu plus tard, quand je fus étudiant, le regret que j'avais que ma mère ne consentît pas à porter un chapeau comme une dame, quand elle sortait avec moi ! Comme si une dame à chapeau eût été seule digne d'être la mère de cette sorte de monsieur que je devenais.

Et si Annie Ernaux termine *La place* en parlant avec une retenue teintée d'amertume de son « entrée » dans le « monde bourgeois et cultivé », Jean Guéhenno recourt à un vocabulaire de belligérant pour évoquer ce même passage : « C'est ainsi que je devins bachelier. C'était alors, en France, la première condition de toute carrière libérale. J'avais naïvement franchi la porte d'une citadelle. » Les deux auteurs sont ainsi habités par un sentiment d'entre-deux qui va longtemps les accompagner, sentiment tout aussi déstabilisant que minant : « je suis certaine d'écrire depuis une déchirure entre deux mondes », déclare Annie Ernaux [5][1] en août 2003. « J'étais entre deux mondes, celui que j'avais quitté où la vie n'était que la vie, et quelle vie ! l'autre, où je venais d'entrer et où la vie devenait pensée et plaisir de la penser, et je ne pouvais bien respirer ni dans l'un ni dans l'autre », écrit encore Jean Guéhenno.

---

1. Les numéros en gras et entre crochets renvoient à l'encart bibliographique p. 126, où vous trouverez les références complètes des entretiens d'où sont extraites les paroles d'Annie Ernaux.

2. *Un paratexte explicite*

Annie Ernaux souligne, dans un entretien, que les «approches sociologiques de [s]es textes [lui] paraissent essentielles». Tout, en effet, invite à une telle saisie : dans *La place,* la dimension sociologique est en fait amorcée dès le paratexte.

Si la polysémie du terme choisi pour le titre permet différentes interprétations, force est de constater que l'une des plus pertinentes est d'ordre sociologique : le terme «place» peut être entendu en tant que «position» dans la hiérarchie sociale. Annie Ernaux ne cesse effectivement de faire référence aux positions sociales des individus dans le texte et plusieurs passages emploient le substantif dans cette perspective. Ainsi, pour caractériser son père aux alentours de 1936, la narratrice écrit : «Il ne buvait pas. Il cherchait à *tenir sa place*», où «tenir sa place» a le sens de «paraître plus commerçant qu'ouvrier». Comme souvent chez Annie Ernaux, les italiques sont ici utilisées pour des expressions du français populaire auxquelles elle donne «leur pleine signification sociale». Même recours aux italiques et au substantif «place» pour parler du corollaire inverse, l'angoisse de commettre un impair :

> La peur d'être *déplacé,* d'avoir honte. Un jour, il est monté par erreur en première avec un billet de seconde. Le contrôleur lui a fait payer le supplément. Autre souvenir de honte : chez le notaire, il a dû écrire le premier «lu et approuvé», il ne savait pas comment orthographier, il a choisi «à prouver». Gêne, obsession de cette faute, sur la route du retour. L'ombre de l'indignité.

Le titre renvoie ainsi fondamentalement au père de la narratrice qui «mi-commerçant, mi-ouvrier» est «des deux bords à la fois» et donc «voué […] à la solitude, et à la méfiance», sans place réellement tenable. Mais il ne manque pas de renvoyer également à la narratrice elle-même, qui s'interroge sur la place qui est devenue la sienne. Tout le texte est une interrogation sur son propre entre-deux, «cette distance venue à l'adolescence entre lui et moi. Une distance de classe, mais particulière, qui n'a pas de nom. Comme de l'amour séparé». En choisissant un simple substantif comme «la place» pour titre au lieu de *Éléments pour une ethnologie familiale* (longtemps envisagé par l'auteure), Annie Ernaux n'a donc pas renoncé à son ambition sociologique : elle l'a énoncée de façon plus poétique et plus subtile en jouant sur les signes et les possibilités d'interprétation.

L'épigraphe joue dans le même sens : «Je hasarde une explication : écrire c'est le dernier recours quand on a trahi.» Cette phrase, empruntée à Jean Genet, érige l'écriture au rang de réparation. La «trahison» à laquelle l'auteure fait ici allusion est une trahison de classe : Annie Ernaux a le sentiment très fort d'avoir abandonné le «monde où vécut [s]on père, où [elle a] vécu aussi», pour parvenir dans un univers radicalement différent, le «monde bourgeois et cultivé». Adolescente, elle a parfois été dure avec ses parents, en maniant l'ironie («je faisais de "l'ironie"» écrit-elle alors que son père se situe dans un registre culturellement différent : «Il blaguait avec les clientes qui aimaient à rire. Grivoiseries à mots couverts. Scatologie. L'ironie, inconnue») ou bien en rejetant violemment ses racines :

« Tout ce que j'aimais me semble *péquenot*. […] Même les idées de mon milieu me paraissent ridicules, des *préjugés*. » Une distance par rapport à son père survient, de l'ordre justement de la trahison : « Mon père est entré dans la catégorie des *gens simples* ou *modestes* ou *braves gens*. » Dans *L'écriture comme un couteau* [2], Annie Ernaux développe cette idée : « j'étais devenue prof, passée dans l'autre monde, celui pour lequel nous étions des "gens modestes", ce langage de la condescendance…. ».

Par le biais de l'épigraphe, l'écriture du texte se place d'emblée sous le signe du regret d'avoir trahi affectivement pour des raisons sociologiques. *La place* sera une entreprise de rachat.

3. *Un* incipit *en forme de rupture*

L'*incipit* du texte où Annie Ernaux raconte comment elle a passé les épreuves pratiques de Capes est également un puissant embrayeur de la dimension sociologique du texte. Elle y souligne la solennité de l'instant (« devant l'inspecteur et deux assesseurs, des profs de lettres très confirmés. Une femme corrigeait des copies avec hauteur, sans hésiter ») et le poids des enjeux (« Il suffisait de franchir correctement l'heure suivante pour être autorisée à faire comme elle toute ma vie »). Or ce qui s'avère être une épreuve professionnelle réussie, le couronnement de ses efforts pour devenir professeur de lettres, est présenté négativement : « Je n'ai pas cessé de penser à cette cérémonie jusqu'à l'arrêt de bus, avec colère et une espèce de honte. » L'expression « une espèce de » est un moyen d'insister, comme l'a déclaré un jour l'auteure, sur « l'absence de nom, en fait, pour définir le sentiment dans lequel se vit le passage officialisé d'un monde dans un autre : ne pas se reconnaître dans sa réussite, peut-être, la "honte" de ne pas appartenir par ses origines à cette "élite" enseignante ».

La réussite aux épreuves est effectivement une manifestation de la rupture définitive avec le monde originaire, qu'elle entérine et consacre officiellement. Il n'est donc pas anodin qu'Annie Ernaux place cette scène à l'ouverture du livre : la trahison est première dans le texte et toute *La place* va revenir sur les raisons et les modalités de cette trahison dénoncée dans l'épigraphe et mise en perspective dès les premières lignes. De la même façon, la scène qui marque l'ascension sociale de l'auteure est immédiatement suivie de l'évocation de la mort du père (« Mon père est mort deux mois après, jour pour jour ») à laquelle, significativement, elle sert d'ancrage temporel. Une double séparation est ainsi suggérée : celle d'avec le monde dominé et celle avec le père, la première, dans cette construction textuelle précise, semblant engendrer la seconde.

3.

« Faire entrer par effraction le monde dominé dans la littérature »

1. *Portrait du père et culture populaire*

Le père d'Annie Ernaux est au cœur du texte : elle retrace sa vie, montre ses origines et la façon dont il a pu s'élever socialement. Son but est de « rendre compte d'une vie soumise à la nécessité » en rassemblant «les paroles, les gestes, les goûts de [s]on père, les faits marquants de sa vie, tous les signes objectifs d'une existence qu['elle a] aussi partagée». Le lecteur peut le suivre dans le cours de son existence, voyant comment le «gars de ferme» devient «ouvrier» puis petit commerçant, mais sans aisance : «Ils ont fait leur trou peu à peu, liés à la misère et à peine au-dessus d'elle.» Annie Ernaux insiste sur la précarité du statut de ses parents :

> Sous le bonheur, la crispation de l'aisance gagnée à l'arraché. [...] Sacralisation obligée des choses. Et sous toutes les paroles, des uns et des autres, les miennes, soupçonner des envies et des comparaisons. [...] Leitmotiv, *il ne faut pas péter plus haut qu'on l'a.*

Tout au long du texte, Annie Ernaux parle de ses goûts, de ses plaisirs, évoque son habillement, sa silhouette, et son comportement, tout ce qui permet au lecteur de se représenter cette figure paternelle. Bien qu'elle ne souhaite pas peindre un tableau particulièrement noir de la vie de son père (elle en souligne certains bonheurs), l'auteure se trouve pourtant prise entre deux pôles opposés au moment de la restituer :

> Voie étroite en écrivant, entre la réhabilitation d'un mode de vie considéré comme inférieur, et la dénonciation de l'aliénation qui l'accompagne. Parce que ces façons de vivre étaient à nous, un bonheur même, mais aussi les barrières humiliantes de notre condition (conscience que «ce n'est pas assez bien chez nous»), je voudrais dire à la fois le bonheur et l'aliénation. Impression, bien plutôt, de tanguer d'un bord à l'autre de cette contradiction.

L'écriture sur le monde dit « d'en bas », comme l'exprime la citation, est une entreprise qui doit éviter deux écueils majeurs : le misérabilisme et le populisme.

Si elle esquisse le portrait de son père en particulier (« A... D..., 1899-1967 »), Annie Ernaux dépasse ce cadre pour s'intéresser à toute une classe sociale. S'attardant sur la nature de ce projet centré sur la figure paternelle, elle note son oscillation entre saisie de l'individu et saisie de la classe :

> J'écris lentement. En m'efforçant de révéler la trame significative d'une vie dans un ensemble de faits et de choix, j'ai l'impression de perdre au fur et à mesure la figure particulière de mon père [...]. Si au contraire je laisse glisser les images du souvenir, je le revois tel qu'il était, son rire, sa démarche, il me conduit par la main à la foire et les manèges me terrifient, tous les signes d'une condition partagée avec d'autres me deviennent indifférents. À chaque fois, je m'arrache du piège de l'individuel.

Et de fait, la réflexion dépasse le cadre familial pour se faire étude sociologique des milieux populaires, passant en revue leurs comportements, leurs rapports à la religion, à la moralité, au bonheur ou encore au langage.

2. *Du poids du langage...*

Pour le futur professeur de lettres-écrivain, le rapport au langage constitue certainement l'un des axes essentiels de cette étude sociologique. Les disputes autour du langage étaient fréquentes (« Tout ce qui touche au langage est dans mon souvenir motif de rancœur et de chicanes douloureuses, bien plus que l'argent »), et Annie Ernaux y porte une attention toute particulière dans son écriture : elle fait entendre, de façon polyphonique, le langage du milieu social de son père, ses tournures spécifiques, en insistant sur son « rôle hiérarchisant […] auquel on ne prête généralement pas attention ».

Toutefois, Annie Ernaux recourt à ces expressions non pas pour les soumettre au jugement du lecteur mais pour les ressusciter dans leur vérité :

> Naturellement, aucun bonheur d'écrire, dans cette entreprise où je me tiens au plus près des mots et des phrases entendues, les soulignant parfois par des italiques. Non pour indiquer un double sens au lecteur et lui offrir le plaisir d'une complicité, que je refuse sous toutes ses formes, nostalgie, pathétique ou dérision.

Le langage emprunté à cet autre espace-temps joue un double rôle : il sert à évoquer ce milieu et permet également de le révéler, d'en donner le sens et le poids. Annie Ernaux apporte régulièrement des explications sur des expressions qui sans cela demeureraient imprécises ou n'auraient pas leur portée entière : « Elle lui *faisait la* guerre pour qu'il retourne à la messe, où il avait cessé d'aller au régiment, pour qu'il perde ses *mauvaises manières* (c'est-à-dire de paysan ou d'ouvrier). » *La place* se retrouve ainsi habité par les paroles de cet autre et ancien monde.

3. ... à l'écriture plate

Les interventions de la voix auctoriale sont fréquentes dans *La place*. Ernaux ne manque pas d'expliquer ni son projet ni sa manière de faire et d'écrire. Au début du texte, elle qualifie son écriture en la présentant comme une sorte d'ascèse :

> Aucune poésie du souvenir, pas de dérision jubilante. L'écriture plate me vient naturellement, celle-là même que j'utilisais en écrivant autrefois à mes parents pour leur dire les nouvelles essentielles.

Le but est donc de demeurer fidèle au monde décrit, sans le trahir de nouveau au moment de l'entreprise même de réparation. L'écriture plate s'avère être la seule adaptée au projet. Dans *La place*, elle va s'incarner sous la forme d'une rédaction maîtrisée qui repose sur le choix des mots les plus justes, la décision de multiplier les phrases nominales et de condenser la pensée tout en amplifiant l'impact des mots, d'éviter les métaphores, enfin de s'appuyer sur la parataxe. Participe également de cette «écriture plate» le refus de recourir au passé simple au profit du passé composé :

> J'emploie le passé composé par impossibilité absolue de rendre compte des choses au passé simple. Je le sens comme une mise à distance [...]. Et il y a ceci pour le passé composé : il fait sentir que les choses ne sont pas terminées, qu'elles durent encore dans le présent. C'est le temps de la proximité des choses, dans le temps et l'espace. Le temps du lien entre l'écriture et la vie. [2]

L'auteure semble donc viser la justesse, au sens musical et légal du terme : «je n'ai pas le droit de prendre d'abord le parti de l'art, ni chercher à faire quelque chose de "passionnant", ou d'"émouvant"». Le texte ne se veut pas œuvre d'art mais œuvre de rigueur. C'est de cette façon seulement, en respectant des critères d'écriture, que la narratrice peut rester fidèle aux «limites et [...] couleur[s] du monde où vécut [s]on père». Écriture de la distance, de la retenue, l'écriture plate est aussi celle de la réconciliation, celle par laquelle le texte peut être tissé pour renouer le lien évanoui sans redoubler la trahison première.

> La seule écriture que je sentais «juste» était celle d'une distance objectivante, sans affects exprimés, sans aucune complicité avec le lecteur cultivé [...]. Par et dans le choix de cette écriture, je crois que j'assume et dépasse la déchirure culturelle : celle d'être une «immigrée de l'intérieur». [**2**]

Pour prolonger la réflexion

Autour d'Annie Ernaux

Annie Ernaux. Une œuvre de l'entre-deux, études réunies par Fabrice Thumerel, Artois Presses Université, 2004. Vous pourrez consulter plus précisément la préface rédigée par Annie Ernaux elle-même, les articles de Christian Baudelot, Jacques Dubois, Gérard Mauger, Isabelle Charpentier.

Florence BOUCHY, *La place, La honte*, Hatier, coll. «Profil d'une œuvre», 2005.

Marie-France SAVÉAN, *« La place» et « Une femme» d'Annie Ernaux*, Gallimard, coll. «Foliothèque», 1994.

Lyn THOMAS, *Annie Ernaux, à la première personne*, Stock, coll. «Essais», 2005.

Ouvrage critiques

Pierre BOURDIEU, *Les Héritiers. Les étudiants et la culture*, Minuit, 1964.

Claude GRIGNON et Jean-Claude PASSERON, *Le Savant et le Populaire. Misérabilisme et populisme en sociologie et littérature*, EHESS/Gallimard/Le Seuil, 1989.

Richard HOGGART, *La Culture du pauvre. Étude sur le style de vie des classes populaires en Angleterre*, Minuit, 1970.

Fabrice THUMEREL, *Le Champ littéraire français au XXᵉ siècle. Éléments pour une sociologie de la littérature*, Armand Colin, coll. « U », 2002.

Genre et registre

L'autobiographie

LORSQUE PARAÎT *La place*, Annie Ernaux a déjà publié trois livres : *Les armoires vides* en 1974, *Ce qu'ils disent ou rien* en 1977 et *La femme gelée* en 1981. Tout comme *La place*, ces trois œuvres sont écrites à la première personne. Dans *Les armoires vides* et *Ce qu'ils disent ou rien*, la narratrice est identifiable par son prénom : celle du texte de 1974 s'appelle Denise Lesur et celle du texte de 1977, Anne. Seule la troisième héroïne féminine demeure anonyme. Mais il n'est guère besoin d'aller chercher loin : les trois sont très proches de l'auteure dans ce qu'elles expriment à propos de leur vie et même, dans le cas d'Anne, au simple niveau onomastique. À cela s'ajoutent des échos d'ordre social, temporel ou géographique qui renforcent la proximité avec Annie Ernaux. Nul doute que cette dernière se reflète, à divers degrés, dans ses héroïnes, ce qu'elle concède volontiers au cours de plusieurs entretiens. Mais tous sont des textes fictionnels, portant la mention explicite de « roman » lors leur publication. *La femme gelée* toutefois amorce un tournant dans l'œuvre : Annie Ernaux avoue avoir presque reconnu, au moment de la réception, que ce n'était plus un roman mais une autobiographie. Elle considère d'ailleurs que ce livre est une sorte de transition vers *La place*, ouvrage qui marque effectivement une nouvelle étape, puisque l'auteure choisit de ne pas préciser la nature générique du texte.

1.

Une autobiographie ?

1. *Un genre codifié*

Écrire une autobiographie c'est se servir de son « moi » comme moteur d'écriture. Étymologiquement, le terme est formé sur les racines grecques *autos, bios* et *graphein* : *autos* signifie « soi-même », *bios* a le sens de « vie » et *graphein* celui d'« écrire ». Une autobiographie est donc le récit qu'une personne fait de sa propre vie.

Ce type de projet est ancien. Les précurseurs sont Augustin (ve siècle) avec les treize volumes de ses *Confessions* et Montaigne avec ses *Essais* (1580, 1588, 1595). C'est Jean-Jacques Rousseau, cependant, qui est généralement considéré comme le fondateur de l'autobiographie moderne avec ses *Confessions*, écrites entre 1766 et 1768. Elles commencent par cette déclaration : « Je forme une entreprise qui n'eut jamais d'exemple et dont l'exécution n'aura point d'imitateur. Je veux montrer à mes semblables un homme dans toute la vérité de la nature ; et cet homme ce sera moi », et il ajoute : « Que la trompette du Jugement dernier sonne quand elle voudra, je viendrai, ce livre à la main, me présenter devant le souverain juge. Je dirai hautement : "Voilà ce que j'ai fait". »

L'autobiographie est un genre très pratiqué :

François-René de Chateaubriand (*René*, 1802), Stendhal (*Vie de Henry Brulard*, 1835-1836), André Gide
(*Si le grain ne meurt*, 1920-1924), Nathalie Sarraute
(*Enfance*, 1983), Michel Leiris (*L'Âge d'homme*, 1939),
Jean-Paul Sartre (*Les Mots*, 1964), Simone de Beauvoir (*Mémoires d'une jeune fille rangée*, 1958) appar-
tiennent au panthéon des autobiographes illustres.

Le grand théoricien de l'autobiographie est Philippe Lejeune. Dans les années soixante-dix, il pro-
pose une définition de base du genre afin d'en
cerner les contours : « récit rétrospectif en prose
que quelqu'un fait de sa propre existence, quand il
met l'accent principal sur sa vie individuelle, en particulier sur l'histoire de sa personnalité » (*L'Autobiographie en France*). Sincérité et principe de réalité
sont donc aux sources de ces « récits de soi ». À ces
composantes premières Philippe Lejeune adjoint
l'existence d'un pacte autobiographique, essentiel
pour la validité et l'existence de l'autobiographie. Il
se noue autour de la question identitaire : « Pour
qu'il y ait autobiographie, il faut qu'il y ait identité
de l'*auteur*, du *narrateur* et du *personnage* » (*Le Pacte
autobiographique*).

2. *Annie Ernaux et l'autobiographie*

À de multiples points de vue, *La place* semble cor-
respondre à la définition de l'autobiographie. Le
« je » qui s'exprime dans le texte est bel et bien celui
d'Annie Ernaux et il n'y a *a priori* aucune méprise
sur la triple identité essentielle à l'existence du
pacte autobiographique. Même s'il n'est pas explicitement passé, il fonctionne pleinement : Annie
Ernaux, professeur de lettres, parle de sa vie et

évoque la douloureuse disparition de son père. Ce qu'elle raconte se joue sur le mode d'une authenticité revendiquée et il n'est pas question de dissimuler ou de travestir quoi que ce soit. Le recours à la fiction est volontairement exclu par cette narratrice qui s'efforce de tendre vers l'objectivité puisque « toute fictionnalisation des événements est écartée et que, sauf erreur de mémoire, ceux-ci sont véridiques dans tous leurs détails » [2].

Malgré ces points de concordance, un examen un peu plus poussé permet de voir que *La place* n'est pas vraiment une autobiographie, ou du moins pas au sens canonique du terme. De menus détails sont par exemple dissimulés : Yvetot n'est pas nommé, le village est simplement désigné sous la lettre « Y... », et Lillebonne par un sobre « L... ». Dans le même ordre d'idées, la narratrice ne donne que les initiales des noms et prénoms de ses parents. Toutes ces petites réticences contribuent à miner le pacte autobiographique. La livraison intime n'est donc pas complète même si les voiles d'ombre sont faciles à lever et que les détails occultés sont d'une importance mineure.

Mais l'écart majeur par rapport à l'idée d'autobiographie tient au fait que *La place* est davantage construit sur la figure paternelle que sur celle de la narratrice elle-même. Pour preuve, un long passage du livre est consacré à la vie du père avant la naissance de l'auteure, et même à la vie des grands-parents. Après avoir évoqué les obsèques de son père et défini son projet d'écriture, Annie Ernaux remonte loin dans le temps et écrit que « l'histoire commence quelques mois avant le vingtième siècle, dans un village du pays de Caux, à vingt-cinq kilomètres de la mer ». Par certains aspects, le livre tient plus ainsi de la biographie. La posture de distanciation de l'auteure, qui souhaite une narration relativement neutre et extérieure, renforce cette dimension. Certes, Annie Ernaux revient sur son expérience de vie, mais tout ce qu'elle écrit est articulé, centré autour de la figure paternelle. Ponctuellement, elle va même jusqu'à se confondre avec son père, principalement lorsqu'elle se concentre sur la dimension sociologique en analysant les usages de l'époque et emploie le « nous » : « Je dis souvent "nous" maintenant, parce que j'ai longtemps pensé de cette façon et je ne sais pas quand j'ai cessé de le faire. »

La place joue donc *sur* et *avec* l'autobiographie. Le texte y ressemble sans s'y inscrire complètement : il permet de se poser des questions sur la définition d'un genre qui, tout au long du siècle, n'a cessé d'être au cœur de multiples remises en question.

2.

Pour une « auto-socio-biographie »

1. *Un nouveau genre*

Annie Ernaux est sensible à la réception de son œuvre et répond volontiers aux questions qui lui sont posées sur ses pratiques d'écriture et de lecture. C'est souvent l'occasion de mettre en perspective son travail et d'expliquer ses projets. Récemment, Annie Ernaux a proposé le terme d'« auto-socio-biographie » pour parler de *La place* :

> *La place* [...] pourrait être qualifiée de «récit auto-
> biographique» [...] mais ce terme de «récit autobio-
> graphique» ne me satisfait pas, parce qu'il est
> insuffisant [...]. *La place, Une femme* et *La honte* et
> en partie *L'événement* sont moins autobiographiques
> que auto-socio-biographiques [2].

Elle poursuit son explication en avançant qu'il
s'agit d'«explorations» où elle tente moins de dire
le «moi» ou de le «retrouver» que de le perdre
dans une réalité plus vaste, une culture, une condition, une douleur, etc. Le terme «auto-socio-biographie» est ainsi une solution pour répondre à une
attente de classification générique. Par le biais de
ce néologisme, les éléments qui composent le texte
sont clairement convoqués : la sociologie est au
cœur du texte («socio»), l'étude sur les milieux
populaires passe par l'examen de la figure paternelle dont tout le trajet est mentionné aux niveaux
affectif, social et spirituel (biographie, «bio») tout
en référant à la narratrice qui est aussi l'auteure
(retour réflexif sur soi, «auto»). *La place* est donc le
produit d'une heureuse triangulation dont les pôles
sont ici clairement définis.

À la toute fin de *La place*, juste avant l'*excipit* où est
racontée une anecdote destinée à soulever une
ultime fois des interrogations sociologiques sur la
«place» de chacun (on sera attentif à sa résonance
avec l'*incipit*), Annie Ernaux écrit une série de petits
paragraphes qui illustrent de façon emblématique la
dimension «auto-socio-biographique» de ses textes :

> Il me conduisait de la maison à l'école sur son vélo.
> Passeur entre deux rives, sous la pluie et le soleil.

> Peut-être sa plus grande fierté, ou même, la justi-
> fication de son existence : que j'appartienne au
> monde qui l'avait dédaigné.

On retrouve ici, de façon condensée et saisissante, les composantes de cette écriture : la présence du père et celle de la narratrice, la saisie de leurs rapports et l'angle de vue sociologique. L'extrait est sous l'emprise d'une portée « auto-socio-biographique » : le père est présenté dans une double perspective socio-affective et la narratrice s'inscrit fortement dans le texte non seulement par le biais des pronoms de première personne mais également par le jeu de la modalisation. C'est ici, par ailleurs, que se dessine certainement l'une des plus belles images du texte avec cette métaphore du « passeur ».

2. *Déplacer les limites et les frontières*

La question de l'« auto-socio-biographie » renvoie aux préoccupations essentielles d'Annie Ernaux sur l'écriture et les classements génériques. Quelques années après *La place*, elle compose *Une femme*, articulé autour de la disparition de sa mère. Les deux œuvres constituent ainsi une sorte de diptyque parental. Mais ce n'est pas leur seul point de coïncidence. Il est intéressant de noter qu'Annie Ernaux amorce déjà, à cet instant précis, sa conception de l'« auto-socio-biographie » : la théorisation qui était en germe dans *La place* se précise. S'interrogeant sur la nature du travail accompli, dans *Une femme*, elle note : « Ce que j'espère écrire de plus juste se situe sans doute à la jointure du familial et du social, du mythe et de l'histoire. » Au moment de clore le texte, elle formule une hypothèse sur sa réflexion qui entre en écho avec la définition ultérieure de l'« auto-socio-biographie » :

> Ceci n'est pas une biographie, ni un roman natu-
> rellement, peut-être quelque chose entre la littéra-
> ture, la sociologie et l'histoire.

Dans ces deux œuvres, Annie Ernaux s'installe
donc aux marges de catégories existantes, choisit les
éléments qui sont le plus à même de servir son
ambition scripturale et déplace les frontières du
genre autobiographique. Il s'agit là d'une constante
chez l'écrivaine qui s'amuse à déjouer les attentes et
à déstabiliser les évidences.

Il en va d'ailleurs de l'emploi du «je» comme de
la référence à l'«auto-socio-biographie» : Annie
Ernaux innove et joue du décentrement. Dans une
intervention intitulée «Vers un je transpersonnel»,
l'auteure définit sa conception du «je» :

> Le *je* que j'utilise me semble une forme imperson-
> nelle, à peine sexuée, quelquefois même plus une
> parole de «l'autre» qu'une «parole de moi» :
> une forme transpersonnelle, en somme. Il ne consti-
> tue pas un moyen de me construire une identité à
> travers un texte, de m'autofictionner, mais de saisir,
> dans mon expérience, les signes d'une réalité fami-
> liale, sociale ou passionnelle.

Le «je» est ainsi présenté davantage comme un
support, un vecteur qu'une fin en soi. C'est aussi
pour cela que la simple appellation d'autobiographie
pour évoquer les œuvres écrites à partir de 1984 ne
suffit pas : le «je» est certes là pour être interrogé
et si, dans *La place*, il est également un moyen de se
poser des questions sur son identité, il n'en est pas
moins avant tout la condition *sine qua non* d'une
appréhension plus large, et notamment sociologique,
de la réalité.

Pour prolonger la réflexion

Lectures conseillées d'Annie Ernaux

Les armoires vides, Gallimard, 1974, rééd. coll. « Folio » n° 1600, 1984.

Ce qu'ils disent ou rien, Gallimard, 1977, rééd. coll. « Folio » n° 2010, 1989.

La femme gelée, Gallimard, 1981, rééd. coll. « Folio » n° 1818, 1987.

« Vers un je transpersonnel », *RITM*, Université de Paris-X, n° 6, 1994.

Ouvrages critiques

Jacques LECARME et Éliane LECARME-TABONE, *L'Autobiographie*, Armand Colin, 1997.

Philippe LEJEUNE, *Le Pacte autobiographique*, Le Seuil, 1975.

Michel MAILLARD, *L'Autobiographie et la biographie*, Nathan, coll. « Balises », 2001.

L'écrivain
à sa table de travail

Genèse et échos

C'EST AVEC *LA PLACE* qu'Annie Ernaux devient un auteur très connu. Certes, ses premiers textes avaient reçu un accueil favorable, mais tout s'accélère avec celui-ci. La presse et la critique saluent cette œuvre avec enthousiasme : François Nourissier dit que c'est un « miracle comme un écrivain n'en porte qu'un en lui » (*Le Figaro Magazine*) ; Angelo Rinaldi écrit qu'Annie Ernaux « déjoue avec intelligence les pièges du misérabilisme et du pathétique » (*L'Express*) et Michèle Bernstein ajoute : « Ce texte est très beau, très fort et très court parce qu'il n'y a pas un mot inutile » (*Libération*). Les lecteurs ne sont pas en reste : ils lui écrivent pour la féliciter et lui dire qu'elle a réussi quelque chose qui les touche intimement. Le livre reçoit même une récompense de premier ordre : le prix Renaudot.

Aujourd'hui, signe de ce succès, *La place* est traduit en plus de vingt langues : en anglais, en allemand, en espagnol, mais aussi en grec, en arabe, en géorgien, en japonais, en chinois ou encore en ukrainien, pour n'en citer que quelques-unes. Il est souvent mis au programme dans les écoles et il est régulièrement étudié dans les universités, françaises et étrangères, où il fait l'objet de thèses et d'articles scientifiques.

1.

La genèse

1. *Un long chemin*

Le père d'Annie Ernaux décède en juin 1967, deux mois après la réussite de sa fille aux épreuves pratiques du Capes. Très vite, la jeune femme ressent le besoin d'écrire sur cette mort et «la distance de classe» la séparant désormais de son père. *La place* ne paraît pourtant que près de vingt ans plus tard.

Au cours de divers entretiens, Annie Ernaux raconte à quel point la genèse de cette œuvre a été difficile. Après avoir commencé à écrire une centaine de pages pendant l'été 1976, elle se rend compte en 1977 qu'elle fait fausse route. Le texte ne lui convient pas, quelque chose ne fonctionne pas, la tonalité n'est pas bonne. Elle abandonne cette tentative qui ne répond pas à son désir intime et se lance alors dans la rédaction de ce qui deviendra *La femme gelée*, publié en 1978.

En 1982, l'auteure se sent prête à revenir sur ce projet d'écriture concernant son père, un projet qui ne l'a pas quittée pendant toutes ces années mais qu'elle ne parvenait pas à mettre en forme. Après avoir passé beaucoup de temps à réfléchir à la manière la plus juste de concevoir ce projet, elle commence la rédaction de *La place* en s'étant fixé des principes stricts : recourir à des faits précis, restituer des paroles entendues, être au plus près de la réalité. Nous sommes en novembre 1982. En huit mois à peine, le texte est achevé. Elle le présente à son éditeur qui le publie en janvier 1984.

2. *Écrire* La place

Annie Ernaux travaille énormément ses textes. L'examen de ses manuscrits le montre : corrections, collages, renvois, couleurs différentes, annotations destinées à elle-même sont omniprésents. Elle coupe, rature, essaie d'être la plus juste possible, visant à ce que le texte corresponde à son désir secret, extrêmement attentive, par exemple, à parvenir à un « début qui crève la page » [4].

En ce qui concerne *La place*, l'auteure procède à partir de notes articulées autour de souvenirs et de faits passés. Ils constituent la matrice d'un texte qui se développe en fonction de ces éléments avec toujours une même exigence : celle de ne pas trahir, ni dans la vérité des faits ni dans la (re)construction textuelle. Preuve de son attention à l'ensemble de l'œuvre, ses hésitations sur le titre : un long cheminement réflexif émaille la prise de décision, qui la fait hésiter entre *La vie ordinaire, Un homme ordinaire, L'héritage, La trahison* — parmi de nombreux autres — avant d'arrêter son choix sur le très polysémique et stimulant *La place*. Ernaux recourt également aux photographies, qui sont des supports d'écriture puissants, aptes à susciter le souvenir et à relancer l'investigation. Le travail d'écriture n'est en effet pas un simple travail de remémoration, il s'agit aussi — et peut-être même avant tout — d'un travail de mise au jour et de découverte, supposant, ainsi que le dit l'auteure, le « déchiffrement de ces détails » qui « s'imposent à moi maintenant, avec d'autant plus de nécessité que je les ai refoulés, sûre de leur insignifiance. Seule une mémoire humiliée avait pu me les faire conserver ».

3. *Réflexivité du texte*

Le texte même de *La place* porte trace de sa genèse, relate le parcours d'écriture et témoigne des affres de l'auteure. La narratrice raconte comment l'idée d'écrire sur son père s'est imposée à elle dans la période qui a suivi les obsèques : «Plus tard, au cours de l'été, en attendant mon premier poste, "il faudra que j'explique tout cela". Je voulais dire, écrire au sujet de mon père, sa vie, et cette distance venue à l'adolescence entre lui et moi.» Après avoir évoqué son expérience malheureuse de 1967 («Par la suite, j'ai commencé un roman dont il était le personnage principal. Sensation de dégoût au milieu du récit»), elle explique pourquoi elle a choisi de renoncer à la fiction au profit d'une nouvelle forme d'écriture, l'«auto-socio-biographie» :

> Depuis peu, je sais que le roman est impossible. Pour rendre compte d'une vie soumise à la nécessité, je n'ai pas le droit de prendre d'abord le parti de l'art, ni de chercher à faire quelque chose de «passionnant», ou d'«émouvant». Je rassemblerai les paroles, les gestes, les goûts de mon père, les faits marquants de sa vie, tous les signes objectifs d'une existence que j'ai aussi partagée.

D'autres insertions réflexives émaillent le texte. L'auteure signale qu'elle «écri[t] lentement» ou encore qu'il n'y a pour elle «naturellement, aucun bonheur d'écrire, dans cette entreprise», et témoigne de ses incertitudes et de la difficulté de son projet.

Il faut remarquer, enfin, les dates apposées à la fin de l'œuvre qui sont pour Annie Ernaux très importantes : «Et, pour moi, cet intervalle a une

grande signification, c'est celui d'un temps excep-
tionnel, d'une autre vie » [**2**]. Elles font de l'écriture
un temps de gestation, délimité et singulier, et rap-
pellent, au moment de la clôture du texte, l'ancrage
précis de l'écriture.

2.

Les échos : d'une œuvre à l'autre, poursuivre l'investigation

L a place marque un tournant net dans l'œuvre
d'Annie Ernaux. Si l'auteure poursuit l'interrogation sociologique déjà amorcée en amont de façon
différente, elle semble trouver un ton (une « écriture plate », avec emploi des italiques, des paren-
thèses, des phrases nominales) qui est sien, doublé
d'une forme (des textes resserrés, jouant sur l'espace) qui lui est propre. La suite de sa production
littéraire, jusqu'à aujourd'hui, multiplie les échos
esthétiques avec cette œuvre fondatrice. Trois textes
entrent plus particulièrement en résonance avec *La
place : Une femme*, paru en 1987, *La honte*, paru en
1997 et même, alors qu'il est thématiquement très
différent, *L'usage de la photo*, publié en 2005.

1. Une femme

Une femme est le livre qu'Annie Ernaux a écrit au
moment du décès de sa mère. Il peut être considéré
comme le pendant du livre sur le père et les échos
de l'un à l'autre sont multiples. La poétique du
texte, par exemple, annoncée au début de l'œuvre

(«écrire […] à la jointure du familial, du social, du mythe et de l'histoire»), est très proche de celle mise en œuvre dans *La place*. La poursuite de la lecture en donne confirmation : dans ce projet situé au carrefour de nombreuses disciplines, la mère est à la fois saisie en elle-même et dans son contexte socioculturel. Une économie textuelle similaire sert par ailleurs l'analyse : *Une femme* commence avec l'évocation de la mère morte puis fait un retour en arrière qui occupe tout le centre et revient ensuite au cadavre.

Au cœur des deux œuvres, outre la peinture des milieux populaires, indissociable de son enfance, Annie Ernaux pose la question du lien : lien père-fille dans un cas, lien mère-fille dans l'autre, avec une volonté de rachat marquée au moment de la disparition de ces figures fondamentales. Les deux textes sont chacun à leur façon l'écriture d'un double deuil : celui du disparu et celui de la rupture avec le monde d'origine. À la fin de *La place*, Annie Ernaux écrit ainsi : «J'ai fini de mettre au jour l'héritage que j'ai dû déposer au seuil du monde bourgeois et cultivé quand j'y suis entrée», et à la fin d'*Une femme* : «J'ai perdu le dernier lien avec le monde dont je suis issue.» Multipliant les résonances, les deux œuvres vont même jusqu'à s'interpénétrer ; dans *Une femme*, Annie Ernaux fait explicitement référence à certaines pages écrites dans *La place*, celles qui concernent la mort du père :

> Je ne peux pas décrire ces moments parce que je l'ai déjà fait dans un autre livre, c'est-à-dire qu'il n'y aura jamais aucun autre récit possible, avec d'autres mots, un autre ordre des phrases.

2. La honte

La honte commence de façon extrêmement violente par la phrase suivante : « Mon père a voulu tuer ma mère un dimanche de juin au début de l'après-midi. » Puis la narratrice détaille cette scène du 15 juin 1952, « la première date précise et sûre de [s]on enfance ». Dans cette œuvre comme dans *La place* et *Une femme*, Annie Ernaux va mener une enquête sur le passé, allant jusqu'à chercher des renseignements aux archives de Rouen. Elle souhaite devenir « ethnologue d'[elle]-même », ce qui n'est pas sans évoquer le titre pressenti pour *La place* — *Éléments pour une ethnologie familiale* — et précise les bases méthodologiques de son projet qui, une nouvelle fois, dépasse les limites génériques strictes.

Tout le texte s'articule autour de la saisie de cette honte dont il était déjà question dans *La place* lorsqu'elle repense par exemple à la cérémonie du Capes « avec colère et une espère de honte » ou encore parle de la « peur [d'avoir honte] ». Ce qui se retrouve donc au cœur de ce texte est la conscience aiguë de la rupture d'ordre sociologique : « Nous avons cessé d'appartenir à la catégorie des gens corrects, qui ne boivent pas, ne se battent pas, s'habillent proprement pour aller en ville. » Plusieurs scènes sont utilisées pour montrer les séparations entre les milieux, les différences de codes et de valeurs entre deux mondes. L'une d'entre elles se déroule à Tours, lors d'un voyage organisé que la narratrice fait avec son père. Annie Ernaux écrit :

> Mon père et moi étions assis au bout de la table commune du groupe. Les serveurs négligeaient

> celle-ci, on attendait longtemps entre les plats. À une petite table près de nous il y avait une fille de quatorze ou quinze ans, en robe décolletée, bronzée avec un homme assez âgé, qui semblait être son père. Ils parlaient et riaient avec aisance et liberté, sans se soucier des autres. Elle dégustait une sorte de lait épais dans un pot en verre — quelques années après, j'ai appris que c'était du yoghourt, encore inconnu chez nous. Je me suis vue dans la glace en face, pâle, l'air triste avec mes lunettes, silencieuse à côté de mon père, qui regardait dans le vague. Je voyais tout ce qui me séparait de cette fille mais je ne savais pas comment j'aurais pu faire pour lui ressembler.

Cette scène, illustration du malaise et des différences de comportement qui régissent les milieux sociaux, semble avoir marqué profondément la narratrice à tel point qu'elle dit en avoir été hantée lorsqu'elle rédigeait *La place* : «L'image du restaurant de Tours est la plus nette. En écrivant un livre sur la vie et la culture de mon père, elle me revenait sans cesse comme la preuve de l'existence de deux mondes et de notre appartenance irréfutable à celui du dessous.» Tout comme dans *Une femme*, Annie Ernaux fait référence de façon explicite à *La place* dans cette œuvre.

3. L'usage de la photo

En 2005, Annie Ernaux publie un livre écrit avec son compagnon, Marc Marie, intitulé *L'usage de la photo*. Les photos en question représentent le «paysage à chaque fois différent» que constitue la découverte «au réveil [de] la table non desservie du dîner, [d]es chaises déplacées, [de leurs] vêtements emmêlés, jetés par terre n'importe où la veille au soir en faisant l'amour ». Le livre est composé à quatre mains, chacun écrivant à partir de ces photos.

Si *L'usage de la photo* peut sembler n'avoir aucun rapport avec *La place* ou les autres livres d'Annie Ernaux, il entretient pourtant une liaison esthétique avec eux. De fait, Ernaux a très fréquemment utilisé les photographies dans ses œuvres. Elles sont au cœur de *La honte* : « De cette année-là, il me reste deux photos. » Or ces deux photos sont primordiales pour l'économie du texte puisqu'elles se situent de part et d'autre de la scène de juin 1952. À la fois points de cristallisation du changement de sensibilité et lignes de force textuelle, elles organisent le récit. Dans *Une femme* également, Annie Ernaux prend appui sur des photographies en faisant allusion à trois clichés : la photo du mariage, la photo du premier enfant du couple, et celle de la grand-mère avec ses petits-enfants. Les photos sont aussi présentes dans *La place* : photo du mariage, photo représentant le père « dans la courette au bord de la rivière », cliché qui représente la narratrice adolescente à seize ans et dans le bas de laquelle se trouve « l'ombre portée du buste de [s]on père qui a pris la photo ».

De façon emblématique, la première photo évoquée dans *La place* se situe dans une perspective sociologique : « La photo, ancienne, avec des bords dentelés, montrait un groupe d'ouvriers alignés sur trois rangs, regardant l'objectif, tous en casquette [...]. Photo typique des livres d'histoire pour "illustrer" une grève ou le Front populaire. » Si l'importance des photos est donc manifeste chez Annie Ernaux, il convient de souligner que c'est dans *La place* qu'elles jouent pour la première fois un tel rôle.

Pour prolonger la réflexion

Lectures conseillées d'Annie Ernaux

La honte, Gallimard, 1996, rééd. coll. «Folio» n° 3154, 1999.

Une femme, Gallimard, 1987, rééd. coll. «La bibliothèque Gallimard» n° 88, 2002.

L'usage de la photo (avec Marc Marie), Gallimard, 2005.

Quelques entretiens avec Annie Ernaux

Catherine ARGAND, «Entretien», *Lire*, avril 2000. **[1]**

Annie ERNAUX, *L'écriture comme un couteau. Entretien avec Frédéric-Yves Jeannet*, Stock, 2003. **[2]**

Pierre-Louis FORT, «Entretien avec Annie Ernaux», *The French Review*, vol. 76, n° 5, avril 2003. **[3]**

Smaïn LAACHER, «Annie Ernaux ou l'inaccessible quiétude», *Politix*, n° 14, 1991.

Gilbert MOREAU, «Mémoire et réalité», *Les Moments littéraires*, 2001. **[4]**

François THUMEREL (études réunies par), *Annie Ernaux. Une œuvre de l'entre-deux*, préface d'Annie Ernaux, 2003. **[5]**

Claire-Lise TONDEUR, «Entretien avec Annie Ernaux», *The French Review*, vol. 69, n° 1, octobre 1995. **[6]**

Groupement de textes

La relation père-fille

LA RELATION PÈRE-FILLE est au cœur de *La place*, ce qu'Annie Ernaux explique dès les débuts du texte, annonçant que dans les mois qui ont suivi les obsèques, elle a pensé à « écrire au sujet de [s]on père, sa vie, et cette distance venue à l'adolescence entre lui et [elle] ». Il est intéressant d'ailleurs de noter que l'*incipit* du texte évoque *Le Père Goriot*, de Balzac, roman qui s'articule justement autour de cette relation père-fille. Une des thématiques les plus importantes de *La place* est ainsi subtilement suggérée dès les premières lignes.

De manière générale, la critique souligne souvent l'importance de la figure maternelle dans les textes à dimension autobiographique écrits par des femmes car l'identification mère-fille est très forte. Mais les pères sont loin d'être absents et nombre d'œuvres, à l'instar de celle d'Annie Ernaux, témoignent de leur rôle fondamental.

COLETTE (1873-1954)

Sido (1929)

(Librairie Arthème Fayard/Hachette Littératures)

L'auteur de la série des Claudine *(1900-1903) et du* Blé en herbe *(1923) publie* Sido *en 1929. Le texte est composé de trois parties : « Sido », « Le Capitaine » et « Les sauvages ». La deuxième partie, dont est extrait le passage, est consacrée au père de Colette.*

Cela me semble étrange, à présent, que je l'aie si peu connu. Mon attention, ma ferveur, tournées vers « Sido », ne s'en détachaient que par caprices. Ainsi faisait-il, lui, mon père. Il contemplait « Sido ». En y réfléchissant, je crois qu'elle aussi l'a mal connu. Elle se contentait de quelques grandes vérités encombrantes : il l'aimait sans mesure — il la ruina dans le dessein de l'enrichir —, elle l'aimait d'un invariable amour, le traitait légèrement dans l'ordinaire de la vie, mais respectait toutes ses décisions.

Derrière ces évidences aveuglantes, un caractère d'homme n'apparaissait que par échappées. Enfant, qu'ai-je su de lui ? Qu'il construisait pour moi, à ravir, des « maisons de hannetons » avec fenêtres et portes vitrées, et aussi des bateaux. Qu'il chantait. Qu'il dispensait — et cachait — les crayons de couleur, le papier blanc, les règles en palissandre, la poudre d'or, les larges pains à cacheter blancs que je mangeais à poignées. Qu'il nageait, avec sa jambe unique, plus vite et mieux que ses rivaux à quatre membres…

Mais je savais aussi qu'il ne s'intéressait pas beaucoup, en apparence du moins, à ses enfants. J'écris « en apparence ». La timidité étrange des pères, dans leurs rapports avec leurs enfants, m'a donné, depuis, beaucoup à penser. Les deux aînés de ma mère, fille et garçon, issus d'un premier mariage — celle-là égarée dans le roman, à peine présente, habitée par les fantômes littéraires des héros ; celui-ci altier, tendre en secret — l'ont gêné. Il croyait naïvement que l'on conquiert un enfant par des dons... Il ne voulut pas reconnaître sa fantaisie musicienne et nonchalante dans son propre fils, le « lazzarone », comme disait ma mère. C'est à moi qu'il accorda le plus d'importance. J'étais encore petite quand mon père commença d'en appeler à mon sens critique. Plus tard, je me montrai, Dieu merci, moins précoce. Mais quelle intransigeance, je m'en souviens, chez ce juge de dix ans...

« Écoute ça », me disait mon père.

J'écoutais, sévère. Il s'agissait d'un beau morceau de prose oratoire, ou d'une ode, vers faciles, fastueux par le rythme, par la rime, sonores comme un orage de montagne...

« Hein ? interrogeait mon père. Je crois que cette fois-ci !... Eh bien, parle ! »

Je hochais ma tête et mes nattes blondes, mon front trop grand pour être aimable et mon petit menton en bille, et je laissais tomber mon blâme :

« Toujours trop d'adjectifs ! »

Alors mon père éclatait, écrasait d'invectives la poussière, la vermine, le pou vaniteux que j'étais. Mais la vermine, imperturbable, ajoutait :

« Je te l'avais déjà dit la semaine dernière, pour l'*Ode à Paul Bert*. Trop d'adjectifs ! »

Il devait, derrière moi, rire, et peut-être s'enorgueillir... Mais au premier moment nous nous toisions en égaux, et déjà confraternels.

Simone de BEAUVOIR (1908-1986)

Mémoires d'une jeune fille rangée (1958)

(Gallimard, Folio n° 786)

Dans les Mémoires d'une jeune fille rangée, *Simone de Beauvoir raconte son enfance et son adolescence. L'ex-*

trait proposé se situe dans la seconde partie du texte.
L'écrivain y évoque son attachement intense à son père.

Ma mère fut fâchée. Elle devinait en moi des réticences qui lui donnaient de l'humeur, et elle me
grondait souvent. Je lui en voulais de me maintenir dans la dépendance et d'affirmer sur moi des
droits. En outre j'étais jalouse de la place qu'elle
occupait dans le cœur de mon père car ma passion
pour lui n'avait fait que grandir.

Plus sa vie devenait ingrate, plus la supériorité de
mon père m'aveuglait ; elle ne dépendait ni de la
fortune ni du succès, aussi je me persuadais qu'il les
avait délibérément négligés ; cela ne m'empêchait
pas de le plaindre : je le pensais méconnu, incom-
pris, victime d'obscurs cataclysmes. Je lui savais
d'autant plus gré de ses accès de gaieté, encore
assez fréquents. Il racontait de vieilles histoires, se
moquait du tiers et du quart, faisait de bons mots.
Quand il restait à la maison, il nous lisait Victor
Hugo, Rostand ; il parlait des écrivains qu'il aimait,
de théâtre, de grands événements passés, d'un tas
de sujets élevés, et j'étais transportée bien loin des
grisailles quotidiennes. Je n'imaginais pas qu'il exis-
tât un homme aussi intelligent que lui. Dans toutes
les discussions auxquelles j'assistais, il avait le dernier mot, et quand il s'attaquait à des absents, il
les écrasait. Il admirait avec feu certains grands
hommes ; mais ceux-ci appartenaient à des sphères
si lointaines qu'elles me paraissaient mythiques, et
d'ailleurs ils n'étaient jamais irréprochables ; l'excès même de leur génie les vouait à l'erreur : ils
sombraient dans l'orgueil et leur esprit se faussait.
C'était le cas de Victor Hugo dont mon père décla-
mait les poèmes avec enthousiasme mais que la
vanité avait finalement égaré ; c'était le cas de Zola,
d'Anatole France, de beaucoup d'autres. Mon père
opposait à leurs aberrations une sereine impar-
tialité. Même ceux qu'il estimait sans réserve, leur
œuvre avait des limites : mon père, lui, parlait d'une

voix vivante, sa pensée était insaisissable et infinie.
Gens et choses comparaissaient devant lui : il jugeait
souverainement.

Du moment qu'il m'approuvait, j'étais sûre de moi.
Pendant des années, il ne m'avait décerné que des
éloges. Lorsque j'entrai dans l'âge ingrat, je le déçus :
il appréciait chez les femmes l'élégance, la beauté.
Non seulement il ne me cacha pas son désappoin-
tement, mais il marqua plus d'intérêt qu'autrefois à
ma sœur, qui restait une jolie enfant. Il rayonnait
de fierté quand elle parada, déguisée en « Belle de
la Nuit ». Il participait parfois à des spectacles que
son ami M. Jeannot — grand zélateur du théâtre
chrétien — organisait dans des patronages de ban-
lieue ; il fit jouer Poupette avec lui. Le visage enca-
dré de longues tresses blondes, elle tint le rôle de la
petite fille dans *Le Pharmacien*, de Max Maurey. Il
lui apprit à réciter des fables en les détaillant et
avec des effets. Sans me l'avouer, je souffrais de leur
entente et j'en voulais vaguement à ma sœur.

Ma véritable rivale, c'était ma mère. Je rêvais d'avoir
avec mon père des rapports personnels ; mais même
dans les rares occasions où nous nous trouvions
tous les deux seuls, nous nous parlions comme si
elle avait été là. En cas de conflit, si j'avais recouru
à mon père, il m'aurait répondu « Fais ce que ta
mère te dit ! »

Nathalie SARRAUTE (1903-1999)

Enfance (1983)

(Gallimard, Folioplus classiques n° 28)

*La figure de proue du Nouveau Roman ne se lance que
tardivement dans l'écriture autobiographique puisqu'il
faut attendre 1983 pour que paraisse* Enfance. *La forme
du livre est étonnante : le texte se présente en effet sous la
forme d'un dialogue entre la narratrice et son double.*

Je suis couchée dans ma petite chambre arrangée pour moi dans ce même appartement, mon lit est appuyé contre un mur couvert d'une natte de paille avec des dessins brodés. Je me couche toujours tournée vers elle, j'aime caresser du doigt sa texture lisse, regarder sa délicate couleur dorée, l'éclat soyeux de ses oiseaux, de ses arbrisseaux, de ses fleurs... Ici, je ne sais pourquoi, j'ai peur seule le soir dans ma chambre et papa a consenti à rester auprès de moi jusqu'à ce que je m'endorme... Il est assis sur une chaise derrière moi et il me chante une vieille berceuse... sa voix basse est incertaine, comme un peu éraillée... il ne sait pas bien chanter et cette maladresse donne à ce qu'il chante quelque chose d'encore plus touchant... je l'entends aujourd'hui si distinctement que je peux l'imiter et j'avoue que parfois cela m'arrive... dans cette berceuse, il a remplacé les mots « mon bébé » par le diminutif de mon prénom qui a le même nombre de syllabes, Tachotchek... Petit à petit je m'assoupis, sa voix devient de plus en plus lointaine... et puis j'entends derrière moi le bruit léger que fait sa chaise, il doit être en train de se lever, il croit que je dors, il va s'en aller... et aussitôt je sors une main de sous la couverture pour lui montrer que je suis toujours éveillée... ou je perçois les craquements du parquet sous ses pas lents, prudents... il va entrouvrir tout doucement la porte... alors je toussote, je pousse un grognement... mais je ne parle pas, cela pourrait me réveiller complètement et je veux dormir, je veux qu'il puisse partir, cela m'ennuie de le retenir...

— Vraiment? Ne crois-tu pas que lorsque tu le sentais derrière ton dos, les yeux rivés sur toi, chantonnant de plus en plus faiblement, se dirigeant sur la pointe des pieds vers la porte, se retournant sur le seuil une dernière fois pour t'observer, pour s'assurer que tu ne te doutes de rien, et puis ouvrir la porte, la refermer avec d'immenses précautions et délivré enfin prendre la fuite… ne crois-tu pas que ce qui te faisait sortir une main, toussoter, grogner, c'était le désir d'empêcher ce qui se préparait, ce qui allait arriver, et qui avait déjà pour toi le goût de la trahison sournoise, de l'abandon ?

— Je reconnais que tout paraissait réuni pour que cela se forme en moi… Mais j'essaie de me retrouver, là, dans ce petit lit, écoutant mon père se lever, marcher vers la porte… je sors la main, je pousse un grognement… non, pas encore, ne pars pas, je vais avoir peur, tu m'as promis, c'était convenu que tu resterais avec moi tant que je ne serais pas endormie, je fais tout ce que je peux, je vais y arriver, tu verras, je ne dois pas parler, pas trop remuer, je veux juste t'indiquer, puisque c'était convenu, qu'un pacte entre nous a été conclu, je sais que tu veux le respecter, et moi aussi, vois-tu, je le respecte, je te préviens… tu ne veux pas que j'aie peur… reste juste encore un peu, je sens que le sommeil vient, alors tout sera pour moi très bien, je ne sentirai plus rien et tu pourras tranquillement me laisser, t'en aller…

Marguerite YOURCENAR (1903-1997)

Quoi ? L'Éternité (1988)

(Gallimard, Folio n° 2161)

La grande et vaste fresque autobiographique de Marguerite Yourcenar s'intitule Le Labyrinthe du Monde *et se compose de* Souvenirs pieux *(1974),* Archives du Nord *(1977) et* Quoi ? L'Éternité *(1988). C'est de ce troisième volume, inachevé, qu'est extrait le passage suivant, où l'on voit l'importance du père pour la petite fille.*

Sous son aspect nocturne, la Villa des Palmes était sombre. Mon petit lit occupait le centre d'une grande pièce à peu près sans meubles ; les bonnes dormaient dans un coin ; les craquements de leur sommier m'effrayaient dans l'obscurité ; la lumière de leur lampe de chevet n'arrivait pas jusqu'à moi. On l'éteignait du reste de bonne heure, et plus vite encore l'ampoule électrique suspendue au plafond dans sa soucoupe, dont la clarté trop nue faisait mal aux yeux. Un grand feu de bois brûlait toute la nuit dans la cheminée, projetant ses reflets sur les murs blancs. Il me faisait peur et m'émerveillait tour à tour. Il semble qu'un fait divers de *L'Éclaireur de Nice*, longuement commenté par Barbe et la Grosse Madeleine, ait contenu l'histoire d'une femme dépecée et brûlée par son mari ou son amant. J'imaginais prenant feu les cheveux jaunes d'un buste de salon de coiffure devant lequel je passais chaque matin, et sa chair de cire coulant sur les bûches. D'autres fois, le palais de cendres rougeoyantes était un château pour bonnes fées. À peu près chaque soir, Michel venait s'établir au coin du feu pour me raconter une histoire ; presque tout Andersen et tout Grimm y passa ; il manquait rarement ce rituel de l'avant-dîner. Je ne sais si j'aimais ou non ce Monsieur de haute taille, affectueux sans cajoleries, qui ne m'adressait jamais de remontrances et parfois de bons sourires. Il était pour moi la grande personne autour de laquelle tournait la mécanique de ma vie ; mes deux bonnes et les religieuses qui, au Mont-Noir, commençaient à m'apprendre à lire ne s'étaient pas privées de m'annoncer qu'à la mort de mon père je verrais du changement : un pensionnat de bonnes sœurs avec une robe de laine noire et un tablier ; beaucoup de prières et peu de friandises ; l'interdiction d'avoir avec moi Monsieur Trier aux pattes torses, et, quand j'aurai désobéi, des coups de règle sur les doigts. « Et ce ne sera pas votre demi-frère qui dépensera des sous pour vous. » La mort de mon père m'inquiétait peu, ne sachant pas trop ce que c'était que la mort, et la plupart des petits enfants croient les grandes personnes immortelles. Ce qui m'effrayait, c'était l'absence. C'est sans doute à partir de cette époque que je pris l'habitude d'essayer de m'endormir le plus tard possible, espérant entendre les pas de Michel crisser sur le gravier du jardin. Bien plus tard, certaines de mes veillées de femme m'ont rappelé celles-là.

Mais presque tous les jours étaient beaux. Derrière la maison, quelques orangers et quelques citronniers négligés croissaient dans les hautes herbes. Ce n'était plus la saison des oranges, mais mon père en suspendait quelques-unes sous le feuillage avant l'heure de mon tour de jardin. Il m'amenait discrètement au pied du beau trésor sentant bon, et dont le jus trop abondant me dégoulinait des lèvres. Je ne fus pas longtemps dupe du subterfuge, mais par une politesse enfantine faisais semblant de croire que ces boules d'or avaient poussé là, comme on fait semblant de croire le plus longtemps possible, le vingt-cinq décembre, que les cadeaux devant la cheminée ont été déposés par le Père Noël.

Clémence BOULOUQUE (née en 1977)

Mort d'un silence (2003)

(Gallimard, Folio n° 4089)

Dans Mort d'un silence, *son premier récit, Clémence Boulouque évoque son enfance. Elle est la fille du juge Boulouque, magistrat parisien qui eut en charge les grandes affaires du terrorisme des années 1980. Il se suicide en décembre 1990. Au début du texte, l'auteure écrit :* « Je suis la fille du juge Boulouque, du terrorisme, des années 1980, des attentats parisiens. Et je suis orpheline de tout ça. »

Notre cuisine de la rue Caulaincourt — la table était ronde et la radio près d'un placard. L'odeur

du café et le déclic du grille-pain, les plages d'infor-
mation et la météo marine. France Inter, Europe 1,
et le bruit des tasses posées sur l'évier.

Le soir, la sonnette puis ses pas qui claquaient sur
le parquet, et la radio. Les émissions du soir, *Le
Téléphone sonne*, 47 24 70 00 — un numéro destiné
aux questions des auditeurs —, les informa-
tions. Après sa mort, il n'y a plus eu que le silence.
Certaines personnes écoutent encore la météo
marine, ces mots incompréhensibles soufflés à mon
enfance.

Il m'a fallu de longs mois pour tolérer à nouveau la
radio, les journaux télévisés du soir ; les présenta-
teurs, les génériques et les quelques notes accom-
pagnant la prise d'antenne, brèves et sèches, ont
si peu changé. Les mêmes hommes politiques et
magistrats font encore l'actualité nationale. Depuis
toutes ces années se font entendre les mêmes indi-
gnations, accusations, interrogations sur l'indépen-
dance de la justice, la place des médias. Longtemps,
j'ai eu les mains moites lorsque les conversations se
portaient sur ces sujets. Je repense à ces carrières
d'avocat, de magistrat, à l'ENA, à tout ce que j'ai
failli embrasser, qui m'aurait fait être la Fille du
Juge, à tout ce qui fait que je ne le suis pas, parce
qu'il était plus que cela.

Il est parti, m'a laissée seule avec ma vie à
construire et trop — ou trop peu — de la sienne,
détruite. Ceux qui l'ont côtoyé m'ont livré des
anecdotes que je tente d'assembler — la vie des
morts est un collage. Je n'ai plus de père et en ai
plusieurs, celui de mes souvenirs et celui des leurs,
qui ne se confondent que rarement. Un avocat, que
j'ai rencontré un jour par hasard, m'a fait le don de
réunir certaines facettes de mon père. Il m'a parlé
de sa fragilité, de sa douleur qui vibrait si fortement
à la fin de sa vie, des sillons au coin de ses yeux que
creusait chaque jour, des offres qui lui avaient été
faites pour rejoindre le privé. Il était incapable de

laisser ses dossiers à d'autres et ne supportait plus tous ces tomes rangés dans des armoires métalliques.

«Vous voyez tous ces dossiers? Tout ça, ce sont mes gosses que je n'ai pas vus grandir. »

J'ai retenu mon souffle. Il n'avait pas voulu nous voir grandir. Ce constat m'avait si profondément meurtrie. Pour lui, nous n'avions pas compté, au moins pendant quelques secondes d'une nuit de décembre. Contre ses dossiers et son malaise, nous n'avions pas pesé suffisamment. De là sans doute m'était venu un sentiment tenace : celui de mon existence comme quelque chose de négligeable; que l'on s'attache à moi m'a longtemps paru suspect — et forcément éphémère.

Deux jours avant qu'il ne s'échappe, j'ai refusé de lui faire une place sur le canapé pour qu'il regarde avec moi *La Couleur de l'argent*. Il était rentré tard. «Il aurait fallu être là avant», lui ai-je dit sans lever les yeux. Il s'est assis sur la moquette un peu plus loin puis s'est levé sans un mot. Tant de larmes sont tombées sur ce souvenir.

Mes résolutions de peste, parfois, se fissuraient. Je courais lui montrer mes bulletins scolaires et m'improvisais singe savant, lui récitant les sigles des organisations terroristes qui avaient revendiqué les attentats, lui parlais d'un article de politique étrangère. Je cherchais son regard.

Je l'avais trouvé alors, et je ne savais pas. Cela, je l'ai enfin compris dans cette pizzeria de la rue de Cluny où il allait parfois et où m'avait invitée cet avocat, où certains recoins et fauteuils ont été usés au fil des années par tant d'yeux baissés, et peut-être aussi par les siens.

«Tous ces dossiers, ce sont mes enfants que je n'ai pas vus grandir. » Il savait son absence.

Peut-être sa confession n'était-elle qu'une complainte que j'ai, depuis, entendue dans la bouche de si nombreux banquiers, consultants et hommes d'affaires très riches, mais je ne le crois pas. Lui, n'était qu'un pauvre juge.

Il savait son absence. Il a su, alors, qu'il allait nous quitter à jamais. Mais y a-t-il réellement pensé, au moment d'en finir ? Et, vraiment, y a-t-il des pensées qui arrêtent une pulsion de mort ? A-t-il imaginé que, de toute façon, nous avions déjà appris à vivre sans lui ? Qu'il nous soulagerait de cette vie où tout était dissonant ? Étions-nous menacés, l'était-il plus que jamais ? Et mon refus de lui laisser une place sur le canapé, lui est-il revenu, dans ses derniers instants avant de nous laisser ?

Chronologie

Annie Ernaux et son temps

À LA FIN DE *L'ÉVÉNEMENT*, texte centré sur son avortement clandestin dans les années 1960, Annie Ernaux envisage sa vie d'un point de vue littéraire et émet une hypothèse quant à l'intrication profonde de sa vie et de son œuvre :

> Les choses me sont arrivées pour que j'en rende compte. Et le véritable but de ma vie est peut-être seulement celui-ci : que mon corps, mes sensations et mes pensées deviennent de l'écriture, c'est-à-dire quelque chose d'intelligible et de général, mon existence complètement dissoute dans la tête et la vie des autres.

1.

La Normandie : de Annie D. à Annie E.

Annie Ernaux est née pendant la Seconde Guerre mondiale, le 1er septembre 1940. Elle est le second enfant de Blanche et Alphonse Duchesne (respectivement nés en 1906 et 1899) mais elle n'apprend qu'assez tardivement l'existence de son aînée, décédée à l'âge de sept ans, en 1938. Au cours d'un entretien, elle souligne le poids de cette sœur précocement disparue : «C'est un problème douloureux, au cœur de ma création. Jusqu'à l'âge de sept, huit ans j'ignorais que j'avais une sœur. Des photos qui la représentaient bébé, on me disait que c'était moi. Sinon que c'était une cousine, je crois. Ma mère m'a appris l'existence de ma sœur en même temps qu'elle m'a raconté sa mort. Elle m'a raconté toute sa mort. Mes parents voulaient un seul enfant, je suis née trois ans après. J'ai compris que je devais ma vie à la mort de ma sœur. Mais ce n'est que bien plus tard que je me le suis dit, quand j'ai écrit *La place*» [1].

Annie Ernaux poursuit sa scolarité à Yvetot. Ses parents y sont retournés en 1945 après avoir vécu plusieurs années à Lillebonne. Ils tiennent un petit commerce (un café-alimentation) dans un quartier populaire, rue du Clos-des-Parts. Après le pensionnat Saint-Michel, elle va au lycée Jeanne-d'Arc de Rouen. Elle passe son bac philo, puis entre à l'École normale d'institutrices par crainte d'aller à l'université («On s'autolimite quand on est d'une classe populaire. On est sûr qu'on n'y arrivera pas» [6]). Elle arrête au bout de quatre mois et part pour l'Angleterre. Elle y est jeune fille au pair. Travail le matin, lectures et début d'écriture d'un roman l'après-midi, Annie Ernaux se sent prête, à son retour, à intégrer l'université. Elle prépare le certificat de littérature et «après le certificat, entre l'écrit et l'oral [se remet] à écrire. Collée en littérature, [elle doit] travailler pendant les vacances. Reçue en octobre, aussitôt après, [elle] écri[t] un texte, imprégné du Nouveau Roman, refusé par Le Seuil en mars 1963. Ce premier roman s'intitulait *Du soleil à cinq heures*. C'était une structure très compliquée, avec un mélange de fragments : la réalité onirique, la réalité imaginaire, l'enfance et le présent » [3].

1940	18 juin : appel du général de Gaulle.
1944	Débarquement des forces alliées en Normandie.
1946	IVe République.
1954	Début de la guerre d'Algérie.
1958	Ve République.

2.

La Haute-Savoie : maternité, enseignement et écriture

En 1964, Annie Ernaux se marie. Deux enfants naissent de cette union : Éric en 1964 et David en 1968. Entre-temps, elle a passé les épreuves théoriques du Capes de lettres modernes en 1966 et les épreuves pratiques en 1967. Son père décède « deux mois après, jour pour jour » et sa mère vient la rejoindre à Annecy après avoir vendu son commerce. De cette période en Haute-Savoie l'auteure dit : « Annecy j'y suis entre 25 et 35 ans. C'est très complexe. Dans cette ville je suis entrée dans le rôle qu'on attendait de moi. Pendant cette époque j'ai pourtant préparé le Capes, l'agrégation, j'ai écrit *Les armoires vides*. C'est en fait dix années de vie active intellectuellement, ce qui aurait pu aussi ne pas être le cas. Mais c'est très mutilant, d'avoir, dans la force de l'âge, toute son existence soumise à la transmission de la vie. Je suis heureuse d'avoir eu des enfants mais l'enfermement était total. Je ne savais pas comment je me sortirais de là. Quand je retourne à Annecy, je revois cette femme, un double souffrant. Car c'était une souffrance. »

Le manuscrit des *Armoires vides*, rédigé en 1972-1973, est accepté par Grasset et par Gallimard mais Annie Ernaux donne sa préférence à Gallimard, maison à laquelle elle est demeurée fidèle jusqu'à aujourd'hui, sauf pour la parution de son livre avec Frédéric-Yves Jeannet chez Stock, par souci de bien faire la différence entre sa production littéraire et ce long entretien épistolaire. *Les armoires vides* est publié en mars 1974. Se souvenant de ce livre et de sa joie à l'idée d'être publiée pour la première fois, Ernaux évoque les tout débuts de sa réception dans les termes suivants : « Le premier article que j'ai lu sur *Les armoires vides* a paru dans *Le Monde des livres* sous la plume de Jacqueline Piatier. Je l'avais attendu avec espérance et curiosité : qu'on me dise ce qu'était mon livre, car jamais je ne serai autant dans l'ignorance de ce que j'avais fait. […] Que ce qui a été écrit, jour après jour, un peu à l'aveugle, soit d'un seul coup appréhendé et chargé de sens dans sa totalité par une autre conscience est une expérience bizarre […]. J'éprouvais une sorte de crainte de ne pas être à la hauteur de ce qui m'arrivait » [**5**].

1968	Mouvement de Mai.
1969	Georges Pompidou président.
1974	Valéry Giscard d'Estaing président.

3.

Val-d'Oise : un écrivain confirmé, une femme engagée

L'année suivante, Annie Ernaux déménage pour Cergy et obtient un poste dans un CES de Pontoise. Sa mère ne reste que quelques temps chez elle et retourne vivre à Yvetot en janvier 1976. L'été est consacré à la rédaction de *Ce qu'ils disent ou rien*, qui paraît en 1977.

Cette même année, Ernaux devient professeur au Cned, dans la section de l'enseignement supérieur : «Depuis 1977, je travaille dans l'enseignement par correspondance, à la maison, explique-t-elle. J'ai pesté contre cet accaparement mais, en même temps, il m'a permis de ne pas avoir à sortir un livre tous les deux ans. Je ne suis pas obligée de plaire, de réussir, de vendre. Je pars du principe que l'on n'attend rien de moi, j'écris en pure liberté» [1]. L'enseignement compte par ailleurs beaucoup pour l'écrivaine, ainsi qu'elle l'a souvent dit : «Je pense que l'écrivain qui ne fait qu'écrire… Moi, j'avais peur de m'enfermer dans une espèce d'autisme de l'écrivain.»

En 1978 et 1979, Annie Ernaux écrit *La femme gelée*, qui est publié en 1981. La rédaction de *La place* commence en novembre 1982 et s'achève en juin 1983. Le livre sort en 1984, il est couronné par le prix Renaudot. À cette période, la mère d'Annie Ernaux est malade. Souffrant de la maladie d'Alzheimer, elle est revenue vivre chez sa fille depuis juin 1983. Six mois plus tard, elle entre au service de gériatrie de l'hôpital de Pontoise. Elle décède le 7 avril 1986. Annie Ernaux commence alors *Une femme*, qu'elle achève en février 1987. Le livre paraît début 1988.

Durant la maladie de sa mère, Annie Ernaux a tenu un journal qu'elle publie dix ans après sous le titre « *Je ne suis pas sortie de ma nuit* », une des phrases prononcées par sa mère au cours de sa maladie. Elle tient d'ailleurs des journaux depuis l'âge de seize ans. Elle procède de façon similaire en publiant *Se perdre* en 2002, le journal qui date de l'époque de *Passion simple*. Le journal est pour elle une activité très intime et elle déclare :

> La lecture d'une œuvre en cours me paraîtrait une violation : je n'ai jamais montré à personne un texte en cours d'élaboration, pas plus que mon journal. Comme si l'immatérialité, le détachement avec la personne, la vie, n'étaient pas accomplis, ne pouvaient s'accomplir que par la « totalité » et la fin. D'ailleurs si j'ai publié une partie de mon journal intime, *Se perdre*, c'est parce qu'elle me semblait posséder une autonomie, celle que lui donne la passion avec son irruption et sa fin [**5**].

1992 est pour Annie Ernaux une année importante car elle publie un texte qui va surprendre, déranger, choquer même. Il s'agit de *Passion simple*, qui fait scandale. L'*incipit* commence de façon relativement crue et toute une partie de la critique descend le livre en flammes, lui reprochant de n'être qu'une sorte de bluette.

En 1993, Annie Ernaux fait paraître *Journal du dehors* : « J'ai eu envie d'écrire sur les gens, explique-t-elle, tous les gens que je rencontrais dans la ville nouvelle, dans le RER. C'est ainsi qu'est né *Journal du dehors.* » Elle ajoute : « mon écriture cherche à fixer ce qui passe, à laisser une trace de soi mais aussi des autres, à lutter contre le caractère fugace de l'existence, la rapidité du changement dans la vie contemporaine ». *La vie extérieure* (2000) procède du même ordre d'esthétique et l'auteure souligne l'importance de ces « traces de temps et d'histoire », de ces « fragments du texte que nous écrivons tous rien qu'en vivant ».

En 1997, outre « *Je ne suis pas sortie de ma nuit* », Annie Ernaux publie *La honte*, retour sur son enfance et à la forme « auto-socio-biographique ». La même année que *La vie extérieure*, elle livre un texte douloureux, *L'événement*, centré sur son difficile avortement clandestin. Suivent ensuite, en 2001 et 2002, deux textes basés sur des expériences amoureuses : *Se perdre*, le journal des années de la liaison avec celui qui est désigné par la lettre « A. » dans *Passion simple*, et *L'occupation*, texte centré sur l'obsession amoureuse : « J'avais quitté W. Quelques mois après, il m'a annoncé qu'il allait vivre avec une femme, dont il a refusé de me dire le nom. À partir de ce moment, je suis tombée dans la jalousie. L'image et l'existence de l'autre femme n'ont cessé de m'obséder, comme si elle était entrée en moi. C'est cette occupation que je décris », précise l'auteure dans la note d'intention du livre.

Trois ans plus tard, avec *L'usage de la photo* (2005), c'est encore la passion amoureuse, mais heureuse, qui est au cœur d'un nouveau texte rédigé après une épreuve : Annie Ernaux a été atteinte d'un cancer du sein dont elle évoque, parallèlement à son histoire d'amour avec Marc Marie (co-auteur du livre), les étapes de l'opération jusqu'à la guérison.

1981	François Mitterrand président, abolition de la peine de mort.
1991	Guerre du Golfe.
1995	Jacques Chirac président.
2001	Attentats du 11 septembre.
2003	Seconde Guerre du Golfe.

Éléments pour une fiche de lecture

Regarder la photographie

- Regardez la photographie au dos de l'ouvrage : quelle partie de l'image attire votre regard en premier lieu ? La petite fille ? Les balais ? Le tableau ? Pourquoi ?
- Quelle expression peut-on lire sur le visage de l'enfant ? En quoi est-elle pleine d'ambiguïté ?
- Trouvez-vous que la composition de cette photo est équilibrée, bien proportionnée ? Quel impact cela a-t-il sur le spectateur de l'image ?
- Donnez un autre titre à la photographie de Claude Batho. Expliquez votre choix. Pensez-vous que connaître le titre d'une photo change la perception de celui qui la regarde ?

Structure du texte

- Dégagez la structure du texte : comment le livre est-il construit et pourquoi ?
- Étudiez les jeux sur les temps et les différentes temporalités. Quelle est la raison qui préside aux ellipses ?
- Relisez le dernier paragraphe : pourquoi pourrait-

on dire qu'il est emblématique du livre ? Mettez-le en relation avec l'*incipit*. Qu'en déduisez-vous ?

Un personnage primordial : le père

- En relisant attentivement le texte, essayez de dresser un portrait du père.
- Que peut-on dire du couple parental ? Quel est le portrait que *La place* donne de la mère ? Comparez rapidement avec *Une femme*.
- Que pouvez-vous dire des relations entre le père et sa fille ? Comment ont-elles évolué ? Pourquoi ?
- Analysez l'image du passeur qui se trouve à la fin du texte : « Il me conduisait de la maison à l'école sur son vélo. Passeur entre deux rives, sous la pluie et le soleil. » Est-ce la première occurrence de cette image ?

Écrire

- Relevez tous les passages métatextuels de l'œuvre et étudiez-les. En quoi sont-ils importants ? Que pouvez-vous dire de cette présence auctoriale ?
- En quoi, comme le précise l'épigraphe, « écrire » peut être un « recours quand on a trahi » ? L'œuvre réussit-elle la réparation espérée ? Comment et pourquoi ?

École, culture et savoir

- Page 25, Annie Ernaux écrit : « Au retour, il n'a pas voulu retourner dans la culture. Il a toujours appelé ainsi le travail de la terre, l'autre sens de culture, le spirituel, lui était inutile. » Que pensez-vous de cette assertion ? Pourquoi ?

- Quel regard Annie Ernaux porte-t-elle sur les milieux «dominés» ?
- L'école joue un grand rôle dans la vie de la narratrice. Relevez toutes les références faites à l'école et analysez-les. Que pouvez-vous dire de la peinture qui est faite de l'école et de l'enseignement ?
- En quoi l'école joue-t-elle dans le malaise ressenti par la narratrice ?

La mort

- Le récit de la mort du père encadre le texte. Analysez la façon dont Annie Ernaux évoque les moments liés à cette disparition.
- Comparez avec le récit qu'Annie Ernaux fait à propos de la disparition de sa mère, *Une femme*.
- Quels sont les autres passages faisant allusion à des disparitions ? Quel est leur rôle ?
- Quelle est l'importance de la mort dans cette œuvre ?
- Dans quelle mesure le texte peut-il être lu comme une œuvre de deuil ?

Pour aller plus loin dans l'œuvre

- Lisez les trois premières œuvres d'Annie Ernaux : *Les armoires vides*, *Ce qu'ils disent ou rien*, et *La femme gelée*. Pensez-vous qu'elles annoncent *La place* ? Pourquoi ? Comment ?

Collège

ÉSOPE, Jean de LA FONTAINE, Jean ANOUILH, *50 Fables* (186)

Georges FEYDEAU, *Feu la mère de Madame* (188)

Georges FEYDEAU, *Un Fil à la patte* (226)

Gustave FLAUBERT, *Trois Contes* (6)

Romain GARY, *La Promesse de l'aube* (169)

Théophile GAUTIER, *3 contes fantastiques* (214)

Jean GIONO, *L'Homme qui plantait des arbres + Écrire la nature* (anthologie) (134)

Nicolas GOGOL, *Le Nez. Le Manteau* (187)

Wilhelm et Jacob GRIMM, *Contes* (textes choisis) (72)

Ernest HEMINGWAY, *Le vieil homme et la mer* (63)

HOMÈRE, *Odyssée* (18)

Victor HUGO, *Claude Gueux* suivi de *La Chute* (15)

Victor HUGO, *Jean Valjean (Un parcours autour des Misérables)* (117)

Thierry JONQUET, *La Vie de ma mère !* (106)

Joseph KESSEL, *Le Lion* (30)

Jean de LA FONTAINE, *Fables* (34)

J. M. G. LE CLÉZIO, *Mondo et autres histoires* (67)

Gaston LEROUX, *Le Mystère de la chambre jaune* (4)

Jack LONDON, *Loup brun* (210)

Guy de MAUPASSANT, *12 contes réalistes* (42)

Guy de MAUPASSANT, *Boule de suif* (103)

MOLIÈRE, *Les Fourberies de Scapin* (3)

MOLIÈRE, *Le Médecin malgré lui* (20)

MOLIÈRE, *Trois courtes pièces* (26)

MOLIÈRE, *L'Avare* (41)

MOLIÈRE, *Les Précieuses ridicules* (163)

MOLIÈRE, *Le Sicilien ou l'Amour peintre* (203)

MOLIÈRE, *Le Malade imaginaire* (227)

Alfred de MUSSET, *Fantasio* (182)

George ORWELL, *La Ferme des animaux* (94)

OVIDE, *Les Métamorphoses* (choix de textes) (231)

Amos OZ, *Soudain dans la forêt profonde* (196)

Louis PERGAUD, *La Guerre des boutons* (65)

Charles PERRAULT, *Contes de ma Mère l'Oye* (9)

Edgar Allan POE, *6 nouvelles fantastiques* (164)

Jacques PRÉVERT, *Paroles* (29)

Jules RENARD, *Poil de Carotte* (66)

Antoine de SAINT-EXUPÉRY, *Vol de nuit* (114)

Mary SHELLEY, *Frankenstein ou le Prométhée moderne* (145)

John STEINBECK, *Des souris et des hommes* (47)

Robert Louis STEVENSON, *L'Étrange Cas du docteur Jekyll et de M. Hyde* (53)

Jean TARDIEU, *9 courtes pièces* (156)

Michel TOURNIER, *Vendredi ou La Vie sauvage* (44)

Fred UHLMAN, *L'Ami retrouvé* (50)

Jules VALLÈS, *L'Enfant* (12)

Paul VERLAINE, *Fêtes galantes* (38)

Jules VERNE, *Le Tour du monde en 80 jours* (32)

H. G. WELLS, *La Guerre des mondes* (116)

Oscar WILDE, *Le Fantôme de Canterville* (22)

Richard WRIGHT, *Black Boy* (199)

Marguerite YOURCENAR, *Comment Wang-Fô fut sauvé et autres nouvelles* (100)

Émile ZOLA, *3 nouvelles* (141)

Lycée

Série Classiques

Anthologie du théâtre français du 20ᵉ siècle (220)

Écrire sur la peinture (anthologie) (68)

Les grands manifestes littéraires (anthologie) (175)

L'intellectuel engagé (anthologie) (219)

MOLIÈRE, *Le Misanthrope* (205)

MOLIÈRE, *Les Femmes savantes* (223)

Michel de MONTAIGNE, *Des cannibales* + *La peur de l'autre* (anthologie) (143)

MONTESQUIEU, *Lettres persanes* (56)

MONTESQUIEU, *Essai sur le goût* (194)

Alfred de MUSSET, *Lorenzaccio* (8)

Irène NÉMIROVSKY, *Suite française* (149)

OVIDE, *Les Métamorphoses* (55)

Blaise PASCAL, *Pensées* (Liasses II à VIII) (148)

Pierre PÉJU, *La petite Chartreuse* (76)

Daniel PENNAC, *La fée carabine* (102)

Georges PEREC, *Quel petit vélo à guidon chromé au fond de la cour ?* (215)

Luigi PIRANDELLO, *Six personnages en quête d'auteur* (71)

L'abbé PRÉVOST, *Manon Lescaut* (179)

Francis PONGE, *Le parti pris des choses* (170)

Raymond QUENEAU, *Zazie dans le métro* (62)

Raymond QUENEAU, *Exercices de style* (115)

Pascal QUIGNARD, *Tous les matins du monde* (202)

François RABELAIS, *Gargantua* (21)

Jean RACINE, *Andromaque* (10)

Jean RACINE, *Britannicus* (23)

Jean RACINE, *Phèdre* (151)

Jean RACINE, *Mithridate* (206)

Jean RACINE, *Bérénice* (228)

Raymond RADIGUET, *Le Bal du comte d'Orgel* (230)

Rainer Maria RILKE, *Lettres à un jeune poète* (59)

Arthur RIMBAUD, *Illuminations* (193)

Edmond ROSTAND, *Cyrano de Bergerac* (70)

SAINT-SIMON, *Mémoires* (64)

Nathalie SARRAUTE, *Enfance* (28)

DANS LA MÊME COLLECTION

Composition Interligne
Impression Novoprint
à Barcelone, le 20 septembre 2012
Dépôt légal : septembre 2012
1er dépôt légal dans la collection : mars 2006

ISBN 978-2-07-033687-6./Imprimé en Espagne.

249170